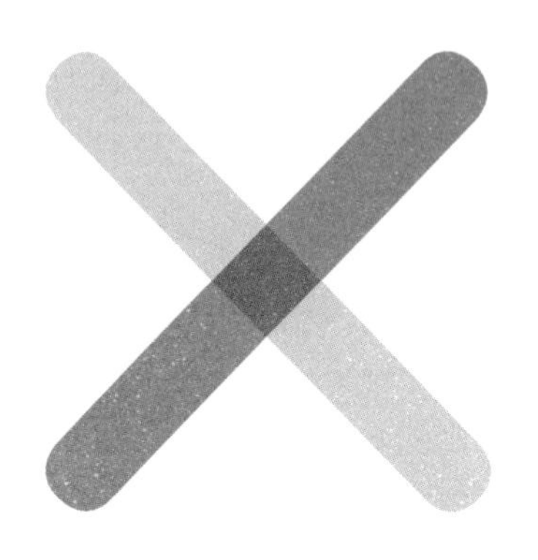

이만하면 괜찮은 남자는 없다

이만하면 괜찮은 남자는 없다

왜 평범해 보이는 남성도
여성혐오에 빠지는가

박정훈 지음

한겨레출판

거만한 세계가 무너질 때, 우리는

언제서부터인가 한쪽에서 "남자가 무슨 페미니즘이냐"라는 비난을 들었다. 다른 한쪽에서는 "남자가 어떻게 이런 생각을 할 수 있느냐"라며 고맙다는 말을 들었다. 조롱이나 비웃음은 무시할 수 있었지만, 칭찬은 오히려 많은 고민을 남겼다. 나는 그저 내 신념과 생각을 글로써 드러낸 것일 뿐인데, 어째서 '기특하고' '좋은' 남자가 되어버리는 것인가.

내게 붙는 '남성 페미니스트'라는 말은 양가감정을 불러일으킨다. 앞에 붙은 '남성'을 떼어버리고 싶기도 하지만, 현실적으로 이 사회에선 꾸준히 페미니즘을 말하는 남성이 나름대로 '쓰임'이 있다는 것도 안다. 내가 '남성'이라는 사실은 이따금 명백한 한계처럼 느껴졌지만, 어쩌면 내 글이 누군가에게 필요할지도 모른다는 생각이 들게 하기도 했다.

하지만 남성으로서 여러 주류적인 특성을 지니고 살아온 나의 '위치성'을 감안한다면, 다양한 페미니즘 의제들을 여성과 동일하게 받아들이고 해석하는 게 쉽지 않은 것도 사실이다. 또, 구조적으로 억압자 혹은 가해자가 되는 남성들의 페미니즘 실천이, 여성들의 목소리와 분노에 공감해주고 지지해주는 것으로 끝나서도 안 된다는 문제의식도 있었다. 그래서 내 글이 단순히 '남성이 쓴 페미니즘 글'에 머물지 않기를 바라며 '나'에게서 시작하거나, '나'를 경유해 페미니즘을 포착하고 이해하려는 시도를 반복했다. 그게 어렵다면 최소한 나의 위치를 지우거나 '나는 다르다'를 강조하는 함정에 빠지지 않으려고 했다. 《이만하면 괜찮은 남자는 없다》는 그 노력의 불완전한 결과물이다. '페미니즘 리부트' 이후의 대안적 남성성은, 페미니즘을 자신의 서사로 삼는 남성들이 등장하면서 만들어질 수 있다고 굳게 믿는 중이다.

이 책을 쓰는 동안 '박원순 전 서울시장 성폭력 사건'과 '김종철 전 정의당 대표 성추행 사건'이 일어났다. 이는 다른 위력 성폭력 사건들보다 내게 훨씬 큰 충격을 주었다. 무엇보다 두 사람이 오랜 시간 페미니스트들과 함께했다는 사실은 '가해자다움'이 없다는 것을 뼈저리게 실감하는 계기가 됐다. 나아가 남성들이 이 사건을 두고 '나는 그들과 다르다'라는 선 긋기와 '나는 안 그럴 거다'라는 다짐으로 일관하면 안 된다는 생각이 들었다. 혹자는 '진보'와 '남페미'가 문제라고 지적했지만, 이것은 분명 '남성 문제'다.

남성이 여성을 평등하게 대하지 않아도 되는 권력 구조가 존재하는 이상, 그 누구도 가해자가 되지 않는다고 절대 장담할 수 없다. 남성들은 자신의 '결백'과 '남다름'을 주장하기 전에, '김종철 성추행 사건'의 피해자이자 고발자인 장혜영 국회의원이 던진 "그토록 그럴듯한 삶을 살아가는 수많은 남성들조차 왜 번번이 눈앞의 여성을 자신과 동등하게 존엄한 존재로 대하는 것에 이토록 처참히 실패하는가"라는 질문을 되새길 필요가 있다. 남성들이 실패할 수밖에 없는 구조를 지금껏 만들고 지켜왔던 이들은 누구인가?

'차별과 혐오' '지배와 착취'의 특성을 내포하고 있는 가부장적 권력은 여성뿐만 아니라 겹겹의 소수자성을 지닌 이들을 고통에 빠지도록 만든다. 내가 원하는 세상을 위해서, 내가 사랑하는 것들을 지키기 위해서, 나를 포함한 모든 사람들이 어떤 상황에서든 한 명의 온전한 '시민'으로 인정받기 위해서는 페미니스트가 되지 않을 도리가 없다.

《이만하면 괜찮은 남자는 없다》는 나의 두 번째 책이다. 전작이 페미니즘을 수용한 남성이 무엇을 해야 하는지 이야기하는 데 힘을 쏟았다면, 이번에는 한 발 더 나아가서 남성들에게 '성별 이분법'을 흔들고 젠더 질서를 재편하는 데 함께 나서자는 간곡한 요청의 메시지를 담아내려 했다. 가부장제는 여성과 남성의 '성차'를 강조하고, '여성다움'과 '남성다움'을 규정하면서 남성의 우월적 지위를 유지하는 방식을 취한다. 그런데 남성들의 페미니즘 실천이 '시스젠더 이성애자'의 올바른 행동 양식처럼 여겨지기만 한다면, 역설적으로 성별 이분법을 강화시키고 가부장제가 온존하도록 기여하는 셈이 된다. 남성들이 궁극적으로 '정상 남성'을 규정하고 있는 공고한 틀을 깨는 데까지 나아가야 하므로 결코 '이만하면 괜찮을 수' 없다는 것이다. 만족하지 않기를, 그리고 주저하지 말기를 남성들에게 당부하고 싶다.

사실 나는 살아온 시간의 대부분 동안 '냉소하기'를 삶의 좌우명처럼 붙들고 살았다. 특별히 누군가를 존경하거나 롤모델 삼아본 적도 없고, 무언가에 열정을 불태운 적도 거의 없다. 우정을 쌓거나, 돈독한 인간관계를 맺는 데도 별다른 관심이 없었다. 다행히 그것은 내가 주류적인 남성 문화와 '거리두기'를 할 수 있게 만든 중요한 요인이 되기도 했다. 하지만 이젠 냉소만으로는 작은 진보조차 이뤄낼 수 없다는 것을 안다. 남성들이 만든 '거창하고 거만한 세계'가 무너지고 있을 때, 나는 멀리서 "그럴 줄 알았지"라고 말하지 않겠다. 대신 후회하고 성찰하는 이들의 손을 잡고 새로운 세계에 지어지는 '평등한 집'에 벽돌 하나라도 더 쌓고자 한다.

이 책은 많은 사람의 도움을 받아 만들어졌다. 언제나 가장 가까운 곳에서 힘이 되어준 가족과 애인, 다양한 생각을 공유하고 확장시켜준 친구들과 동료들, 그리고 나를 끊임없이 변화할 수 있도록 만들어주는 세상의 수많은 페미니스트들에게 무한한 고마움을 전하고 싶다.

박정훈

차례

2부 언제까지 가해자를 위한 나라일 것인가

3부 누구도 나는 아니라고 장담할 수 없다

4부 말하지 않아도 괜찮다면 그것은 권력이다

1부

남성은 왜 억울함을 여성의 탓으로 돌리나

희생 위의 안온함

'이만하면 괜찮은' 남자는 없다

유튜브 〈피식대학〉의 '비대면 데이트' 시리즈를 즐겨 본다. 4, 5명의 남성이 번갈아가며 한 여성과 영상통화로 소개팅을 한다고 가정하고 모노드라마를 하는 콘텐츠인데, 여성 앞에서 허세를 부리거나 눈치 없는 남성들의 모습을 각자의 캐릭터로 잘 구현해내고 있다.

그런데 2:1로 진행되는 '비대면 데이트'를 보면서 재미있는 지점을 발견하게 됐다. 이들은 화면 밖의 여성과 별다른 상호작용을 하지 않는다. 다단계 판매 영업직인 방재호(정재형 분)는 다른 남성에게도 끊임없이 상품을 권유하고, 래퍼 임플란티드 키드(김민수 분)는 앞뒤 상관없이 무조건 노래를 부른다. 중고차 딜러 차진석(이용주 분)은 계속 다른 남자를 무시하거나 깎아내리는 데 집중하고, 카페 사장 최준(김해준 분)은 여성과의 친근함을 과시하며 '기싸움'을 한다.

애초에 여성의 목소리를 공백으로 둔 채로 구성한 영상이지만, 1:1 영상통화 콘텐츠는 적어도 상대방의 '반응'을 보면서 행동하는 것 같은 인상을 줬다. 하지만 2:1 데이트 영상에서 출연자들은 대부분 남자 둘의 대화와 행동만으로 콘텐츠를 꽉 채운다. '내'가 누구인지, 그리고 다른 남자보다 더 경쟁력 있다는 것을 보여주는 데만 열을 올린다. 이쯤 되면 이성애에서 보여주는 남성의 자기중심성에 대한 우화가 아닐까 싶을 정도다. 관계에서 가장 중요한 것은 '상대방'인데, 정작 상대방의 감정이나 욕망을 지우고 사랑을 말하는 남자들을 우리는 너무 많이 봤다. '비대면 데이트'라는 표제를 달았으나 역설적으로 (희화화된) 남성들만 등장하는 상황이, 의도치 않게 한국 남성의 사랑이라는 것이 어떤 방식인지 보여주는 게 아닐까 싶다.

가부장제 속에서 성장한 남성에게 연애란 자신의 뜻을 관철시키는 과정이다. 남성인 자신을 중심으로 연인 관계를 맺고, 가족을 꾸리는 것이 기본값인 사회에서 남성의 구애와 연애는 성취지향적인 측면이 강하다. 상대방과 맞춰가는 융통성은 부족해지고, 자기중심성은 강해진다. 어떻게든 자신의 남성성을 보여주고 싶어 하면서도, 상대방이 원하는 남성이 되는 것은 어색해한다.

'나' 밖에 없는 남자들

____ 요즘 SNS상에서 규탄의 대상이 되고 있는 속칭 '진보 한남''예술 한남'들은 자기중심성이 극대화된 모델이다. 특정한 지향이나 정체성을 갖고 있는 남성 전반을 문제 삼는다기보다, 표면적으로는 고상하거나 도덕적인 발언을 하지만 사적인 삶에서 이를 철저히 배반하는 부류에 대한 반감이 '진보 한남''예술 한남'이라는 말로 표출되는 것이다.

사실 그들의 본질적인 문제는 스스로를 과도하게 타인과 '다르다'고 판단하는 데서 온다. 이들은 자신이 특수하거나 특별한 일을 한다고 여기고, 자신의 일이나 사업(작업)에 몰두하는 것을 우선시한다. 그러다 보니 자신의 삶을 돌보지 못하고, 관계를 엉망으로 만드는 상황을 야기하면서 책임은 회피한다.

삶의 어느 지점에서는 미숙하거나 망가져도 괜찮다는 명분으로 스스로를 휘감고 있으니 지적과 설득도 무용하다. 그렇게 관계와 위치 속에서의 '나'를 성찰하는 대신, 자기 확신을 통해 강화된 합리적 주체로서의 '나'의 모습에 몰두한다. '합리적 주체'란 전통적인 기득권 남성의 모습을 하고 있다는 점에서 위험하다.

일례로 고은 시인은 2014년에 있었던 한 인문학 강의에서 아래와 같이 말했다.

> "삶은요. 살아가는 동안에 자기가 사는 거예요. 어떤 자에 의해서, 어떤 자의 규범에 의해서, 어떤 자의 교훈에 의해서, 어떤 자의 진리에 의해서 그 노예로서 사는 게 아니에요. 심지어는 나는 나의 아버지의 자식이 아니에요. 나는 내 할머니 손자가 아니에요. 나예요. 나! 고독한 우주에서 고독한 불빛이에요. 왜 내가 우리 할머니의 손자입니까? 왜 내가 내 어머니의 아들입니까? 나죠."[1]

그는 2011년 시집을 내면서 자신의 아내에 대해 "내 아내를 신으로 삼고 있다"라고 말했다.[2] 이러한 '성녀화'는 그 자체로도 문제지만, 관계 속에서 스스로의 역할을 지우고 스스로를 부족하고 미숙해서 돌봄받아야 하는 존재로 위치시킨다. 고은 시인뿐만이 아니라, 수많은 한국의 중년 남성이 자신의 책임을 면피하기 위해 이러한 수사를 반복한다. 이는 관계의 우위를 이용한 '기만'에 가깝다.

속칭 '진보 한남'이나 '예술 한남'이라며 비난받는 유형의 남성들은, 이처럼 대체로 자신의 위치에 대해 성찰하지 않고 황제와 어린아이를 오간다. 관계에 무책임하고 이기적으로 구는 이들을 만난 여성들이 그들로부터 고통받고, 헤어지면서 '기함'하는 게 어쩌면 당연한 일일 것이다.

'평범한 마초'는 대안이 될 수 있을까

차라리 파트너로서는 '평범한 마초'가 낫다고 말하는 사람도 많다. 가부장제에 대한 문제의식도 없고, 여전히 규범적인 '남성성'에 얽매여 있지만, 그럼에도 이들은 가부장으로서의 사회적 의무를 수행하려고 하기 때문이다. 그래서 최근의 페미니즘 리부트가 무의식적으로 이들의 생각을 변화시켰을 가능성이 높다.

2021년 1월 31일 온라인 커뮤니티 'MLBPARK(엠팍)'에 올라온 '아내가 밥을 안 합니다'라는 제목의 글에선 현재의 달라진 분위기를 엿볼 수 있다. 어느 누리꾼이 아내가 저녁을 안 해준다고 푸념하는 글을 올렸는데, 공감해주는 이가 드물었다. 참고 살라거나 이해하라는 반응이 상당수였다. 글쓴이의 아내는 맞벌이를 하고 식욕이 없어서 밥을 거의 안 먹는 사람이었다.

글이 주목을 받자 글쓴이는 댓글로 "결혼하면 다 아내가 밥상을 차려주는 줄 알았습니다. … 아내가 아침밥 차려주는 건 남편의 로망 아닙니까? … 오늘 저녁 얻어 드신 분들 부럽습니다"라고 적었다. 하지만 이 댓글을 기점으로 "자기 밥은 자기가 해 먹읍시다" "염치도 없지" 등의 비판 댓글이 쏟아지면서 우호적인 의견도 거의 사라졌다.

그런데 주목할만한 지점은 '가사·육아 분담은 옳다'라고 생각하는 이들의 기준이 페미니즘적 가치가 아니라 '기계적 평등관'에 입각해 있다는 사실이다. 엠팍 유저들 중에는 '참고 살아라'라는 의견을 다는 이들이 많았는데, 이 경우 글쓴이의 아내가 밥을 하지 않아도 되는 조건임을 강조했다. 첫 번째 조건은 (글쓴이가 밝힌 대로) 아내가 예쁘고 날씬하니까 참으라는 것이고, 두 번째 조건은 아내가 맞벌이 공무원이니까 참으라는 것이다.

아마 '남편이 밥을 안 합니다'라는 사례를 찾으면 수백만 건은 될 것이다. 그런데 여성들과 다르게 남성들은 '평등해도 괜찮은' 조건인지를 살핀다. 먼저 맞벌이인지 따지고, 그다음에는 예쁜지 따진다. 그리고 나서야 '네가 밥을 하라'는 결론을 내린다. 만약에 경력 단절 여성을 아내로 둔 남편의 사례라면, 남편이 밥을 직접 해 먹는 것은 불평등하다고 했을 것이다. 또한 이들은 여성의 외모를 일종의 '정상참작 사유(?)'로 두고 다른 조건과 저울질했는데, 아내를 비롯한 여성들을 자신들과 평등하게 대하지 않는 사고방식이 여실히 드러나는 대목이다. 아내를 하나의 '소유물'로 여기고 여성에게 돌봄 노동을 의무화하는 오래된 가부장제의 잔재는 이렇게 뻔뻔하게 버티고 있다.

이렇게 '평등의 조건'을 따지다 보니 가사·육아 분담이 매우 일반적인 일이 되고 있음에도, 여전히 진정한 의미의 분담은 이뤄지지 않고 있다. 맞벌이 여성의 가사노동 시간은 여전히 남성의 3.4배이며,[3] 하루 중 육아 시간(5세 이하 자녀와 함께 보내는 시간)은 아빠는 3시간 36분, 엄마는 8시간 24분이었다.[4]

소위 '평범한 마초'가 적어도 자신의 행위에 책임을 진다는 점에서 더 나은 인간일 수는 있지만, 그 역시 정답은 아니다. 페미니즘의 수용 없이, 수동적으로 기계적 평등을 유지하려고 하는 것은 결과적으로 '조금 더 나은 가부장'을 만들 뿐이다. 어떻게든 남성 우위 체제를 지키려는 이들이 새로운 남성의 모델이 될 순 없다. 그런 점에서 어쩌면 '진보 한남'과 '평범한 마초'는 한 끗 차이인지도 모르겠다.

개인적으로는 '좋은 남편' '좋은 남자친구'의 역할을

하려는 남성들이 많다는 것을 알고 있다. 그들이 라이프 스타일에서 페미니즘적 요소를 받아들이는 것도 종종 목격한다. 그러나 나는 남성들이 추구하는 성평등이 '사적인 실천'에 그치는 것에 반대하는 사람이기도 하다. 사적인 실천에 그치는 성평등은 '이쯤이면 됐잖아' 식의 현상 유지를 위한 방법으로 오용될 여지가 더 크기 때문이다.

일터, 또래집단, 남초 커뮤니티에서의 '남성연대'는 일방적으로 열렬한 구애를 펼치거나, 여성의 의견을 존중하지 않는 나르시시스트들을 온정적으로 바라보고 감싸왔다. 여성의 요구에 따르는 남성이나, 가사·육아를 하는 남성들을 연민하거나 '피해자화'했다. 심지어 규범화된 남성성에 부합하지 않는 이들은 도태시키거나 조롱하기도 했다. 이런 문화는 가부장제에 기반한 '애처가'나 '로맨티스트'가 바꿀 수 있는 수준이 아니다. 여성을 동등한 시민으로 존중하고, 성평등 관점을 통해 사회를 다르게 바라볼 수 있는 페미니스트만이 변곡점을 만들어낼 수 있다.

남성이 딛고 서 있는 권력, 불평등하게 남성들에게만 허용되고 인정된 행위를 통해 '남성'이 만들어진다. 특히 성별 이분법에 기반한 이성애자 남성성의 지위는 공고하고, 계속 재생산되고 있다. 사회적으로 보기에 좋은 남성도 결과적으로는 여성을 억압하게 되는 구조다. '이만하면 괜찮은’ 남성조차 존재할 수가 없다면, 이제 문제의 본질인 남성성을 ‘페미니즘’이라는 망치로 두들겨 해체해야 하는 것 아닐까.

'고백해서 혼내주자'
라는 말의 의미

2006년 여름, 독일 월드컵이 막 끝난 직후였다. 회기동 파전 골목에서 같은 과 동기지만 한 살 많았던 A를 만났다. A는 술을 한 잔 마시자마자 연애가 너무 하고 싶다고 토로했다. 그는 "너는 방법을 알 것 같아서 만나자고 했다"라며 내게 해법을 요구했다.

당시 나는 '인싸'보다는 '아싸'에 가까웠고, '썸'을 넘어선 연애는 못 해본 새내기에 불과했다. 소개팅을 시켜줄 수 있는 인간관계도 딱히 없었기에 별생각 없이 A에게 "길 가다가 마음에 드는 사람 있으면 번호 달라고 해요"라고 말했다. 갑자기 A의 눈이 반짝였다. 살짝 취기가 도는 채로 지하철을 탄 그는 갑자기 번호를 따오겠다며 열차 안을 돌아다니기 시작했다. 나는 A의 행동을 제지하지 않고 내버려 뒀던 것 같다. 천만다행인 것은 숫기가 없던 그가 결국 누구에게도 말 한번 걸지 못한 채로, 조용히 내가 앉아 있던 자리로 돌아왔다는 사실이다.

"저기 마음에 드는 여자가 있었는데… 아… 다음에는 꼭 성공해야지."

몇 년 전, 어느 이성 친구에게 이때의 경험을 말했다. 그러자 친구의 표정이 확 굳었다. 자신이 아르바이트를 할 때, 대뜸 핸드폰 번호를 물어보거나 고백하는 사람들 때문에 힘들었다고 말했다. 그러고는 덧붙였다.

"여성은 사냥감이 아니잖아, 사람이지."

얼굴이 확 달아올랐다. 새내기 시절의 나는 여성을 나와 동등한 존재가 아닌, '꼬시거나 쟁취해야 하는' 성적 대상으로 본 것이나 다름없었다. 술 마신 남자가 두리번거리다가 갑자기 핸드폰 번호를 달라고 한다? 번호를 주지도 않겠지만, 그에 앞서 불쾌하고 공포스러울 것이다.

착각도 고백도
하지 마시길

____ 이성애자 남성들은 자기 자신에 대해 너무 모른다. 자신의 존재가 여성에게 위협적이거나 불쾌감을 줄 수 있다는 사실을 잊고 산다. 개개인이 '나쁜 사람'이라서가 아니라, 지금껏 남성들이 호감이나 사랑을 빌미로 여성들에게 물리적 정신적 가해를 저질러온 역사가 있다는 점을 고려해야 한다. 여성들은 일터에서 고백을 받거나 일방적인 치근거림에 당황하거나 고통받았던 경험, 집 앞까지 스토킹을 당한 일 등을 고발하고 공유하고 있다. 그들에게 남성의 전혀 예상하지 못한 이성적 관심이나 고백이 달갑게 느껴질 리 없다.

'고백해서 혼내주자'라는 말이 있다. 많은 남성에게 이 말은 농담이겠지만, 여성들에게는 실재하는 공포다. 고백이나 만남 요구에 단순한 불쾌감이나 부담만 느끼고 끝난다면 오히려 다행이다. 실제로는 구애를 표방한 남성의 자기중심적 행동이 여성에게는 삶을 흔드는 문제가 되기도 한다. 특히나 구애자가 일하는 곳의 손님이거나 직장 상사일 경우, 혹은 끈질기게 따라다닐 경우에 더욱 그렇다. 어찌 공포가 아닐 수 있겠는가.

최근 한 온라인 커뮤니티에 배달 라이더로 일하고

있는 유부남이 자신보다 열다섯 살 어린 카페 사장에게 고백을 했다는 글이 올라와서 많은 사람을 놀라게 했다. 글쓴이는 '나름 그린라이트를 주고 받았다'고 했지만, 글 전체를 살펴봐도 도무지 그런 흔적은 발견할 수 없었다. 멋있게 차려입고 고백을 하러 갔지만 막상 카페 사장은 누군지 알아보지도 못했고, 그가 고백을 하자 두 시간 동안 가게 문을 닫고 정중하게 거절의 이유를 설명했다고 한다.

갑작스럽게 고백을 당하고, 이를 수습하기 위해 졸지에 카페 영업까지 중단해야 했던 여성의 상황을 생각하니 씁쓸했다. 여성은 마음에 드는 남성이 있을 때 '눈치'를 살핀다. 상대방이 나에게 마음이 있는지, 내 호감을 받아들일 의향이 있는지 소통을 시도한다. 하지만 그 반대의 경우는 너무나 자유분방하다.

특히 중년 남성 중에는 황당하게도 젊은 여성들이 자신에게 매력을 느낄 것이라고 착각하는 부류가 있다. 이런 착각이 작게는 '불쾌한 고백'으로, 크게는 '위력 성폭력'으로 이어지기도 한다. 여성과 동등한 위치에서 대화할 수 있는 능력이 부재하기 때문이다. 그렇게 살았음에도 많은 남성이 별문제 없이 잘 살아왔다. 여성의 삶에 대해서 모르고, 여성의 관점에서 세상을 볼 수 없어도 사는 데 별 지장이 없었으니까. 하지만 그런 종류의 무지는 죄에 가깝다. 결국 자신의 젠더 권력으로 여성을 고통스럽게 만들 가능성이 높기 때문이다.

거부할 수 없는 요청

참고로 20대의 나는 여성학 강의를 듣고, 페미니즘 책을 읽으며 '나 정도면 깨어 있는 남자'라는 알량한 자부심을 갖고 있었다. 하지만 이론으로만 이해했을 뿐, 실제로는 남성들 사이에서 이뤄지던 여성혐오적 관습에서 크게 벗어나지 못했다. 앞서 자신의 경험을 내어준 친구처럼, 주변 여성들의 이야기를 듣고, 때론 내 행동에 대한 지적을 받아들이면서 비로소 변화할 수 있었다.

페미니즘은 남성 중심 사회에서 약자였던 여성의 시각으로 사회에서 일어나는 사건들의 의미를 재구성하고, 이를 바탕으로 성평등을 추구하는 운동 및 이론이라고 생각한다. 위의 사례처럼 여성의 시각에서 사회를 바라보면 남성들의 자기중심적 행위는 완전히 다르게 해석된다. 그러므로 페미니즘이 시대정신으로 떠오른 현재의 한국 사회에선, 과거와 달리 남성을 향한 비판이 쏟아질 수밖에 없다.

남성들은 지금과 같은 상황에 불만을 품는다. 허용

돼왔던, 당연하다고 생각해왔던 언행에 제동이 걸렸으니까. 그런데 조금만 관점을 달리하면, 지금까지 남성들이 별 문제 없이 살아왔다는 게 더 놀라운 일이다. 한국의 주류 남성문화는 여성을 성애화된 존재로만 여기며, 자신과 같은 감정과 생각을 가진 사람으로 대하지 않았다. 여성과 평등한 관계를 맺지 못하고, 성차별·성폭력 문제에서 가해자 또는 방관자였던 남성들이 오히려 목소리를 높이며 살아왔다. 이런 남성들이 편안하게 살 수 있는 세상, 이상하지 않은가?

이제 남성들은 '거부할 수 없는 요청'을 마주하고 있다. 반성하고, 경청해서 여성을 나와 동등한 인간으로 존중하는 페미니스트가 되어야 한다는 요청이다. '남성들만의 안온한 세계'로 돌아가는 길은 이미 끊긴 지 오래다. 가만히 서서 과거를 그리워할 것이 아니라, 한 발짝씩 내딛으며 다른 세상으로 나아가길 바란다.

‘철없는 남자’ ‘잡혀 사는 남자’는 왜 문제일까

스스로 아내나 여자친구에게 ‘잡혀 산다’고 말하는 남자들이 참 많다. ‘잡혀 산다’는 것이 대체 어떤 형태인지는 모르겠지만, 아무튼 자신을 대외적으로는 관계의 약자로 두면서 불쌍한 처지에 있다고 호소한다. 이는 꽤 오랫동안 남성 집단에서 공유되어온 유머 코드이기도 한데, ‘잡혀 산다’는 말이 유머로 통할 수 있다는 점이 역설적으로 남성의 젠더 권력을 상징한다고 볼 수 있다.

여성이 ‘잡혀 산다’는 말을 하는 걸 들어본 적이 있는가? 극히 드물 것이다. 여성에게 ‘잡혀 산다’는 말은 사실상 억압과 굴종의 상태에 있다는 말이나 다름없기 때문이다. 여성은 실제로 '잡혀 사는' 상황에 놓이더라도 절대로 '잡혀 산다'고 동네방네에 말할 수가 없다. 그를 '잡고 있는' 남성이 여성을 가만두지 않을 것이기 때문이다.

만약 스스로 '잡혀 산다'고 말하는 수천수만의 남자들이 실제로 잡혀 산다면 대체 어떻게 동네방네에 '나 잡혀 삽니다'라고 떠들 수 있단 말인가. 말 하나하나가 전부 아내나 여자친구에 대한 푸념이나 비난에 가까울 텐데 말이다. 그래서 '잡혀 산다'는 말에서는 역설적으로 시혜적 태도, 즉 "우리가 져줘야, 잡혀 살아줘야 관계나 집안이 평안하니까~"라는 뉘앙스가 느껴진다. 젠더 권력의 우위를 가진 남성의 여유를 상징하는 말은 아닌지 의심해야 한다.

특히 중년 남성들이 '나 잡혀 살아' 혹은 '요즘은 여자들 팔자가 더 좋아'라고 이야기하면서 스스로를 '피해자화'하는 행태는, 2030 안티페미니즘의 기저에 있는 남성 약자론과 별반 다르지 않아 보인다. 한 가지 분명한 사실은 둘 다 엄살이 너무 심하다는 것이다.

스스로를 '약자'로 규정하는 남자들

'잡혀 산다'고 말하는 남자들의 근거는 어떤 행동을 통제당했다거나, 부당해 보이는 요구를 들어줬다는 이야기가 대부분이다. 그런데 사실 아내나 여자친구가 그들을 통제하고 부당한 요구를 관철시킬 '위력'이나 '강제력'이 있는 사람인 경우는 매우 드물다. 그 반대의 경우는 꽤 있을지 모르겠지만.

이따금은 대화로 해결하면 될 문제들을 일부러 힘든 척하기 위한 이야깃거리로 삼는다는 인상까지 받는다. 아내를 떠받들라고 아무도 요구하지 않았는데, 스스로 떠받들며 살고 있다는 자의식을 갖는다. 그렇게 관계에서 약자의 자리를 점유한다. 정확히 말하자면 가부장의 권력을 지닌 자신의 위치와 전치시킨다. 집단적 '찡찡거림'으로 약자와 강자의 위치를 표면적으로 뒤바꿔버리는 것이다.

비슷한 맥락에서 '남자들은 철이 없어서' '마나님이 죽으라면 죽어야 한다' 등의 말도 황당하긴 매한가지다. 이낙연 더불어민주당 국회의원 역시 지난해 7월 "남자는 엄마 되는 경험을 못 해 철이 들지 않는다"[5]라는 발언을 해서 구설수에 오르기도 했다. 평소에는 보편의 위치를 점유한 채로 떵떵거리던 남성들이 갑자기 머리를 긁적이면서 스스로 여성보다 하등하다고 이야기하는 상황, 이상하지 않은가.

성인 한 사람으로서 왜 그런 존재로 자신을 설명하는지 알 수 없다. 다만 추측해보건대 자신은 '그냥 철없이 제멋대로 살 테니까 네가 뒤치다꺼리(돌봄) 좀 계속해달라'는 의미가 있지 않을까. 자신을 '모자란 사람'이라고 주장하며 게으름이나 절제되지 않은 행동들에 대해 면죄부를 받고, 역으로 그런 행동을 돌봐달라고 요구하는 것이다. 아내가 '내가 아들 두 명을 키운다'라거나 '남자는 애 아니면 개'라고 말하면서도 자신을 '우쭈쭈' 해주길 바라면서 말이다.

아내나 여자친구와 자신이 평등하다고 생각하는 사람이 굳이 여성에 비해서 자신을 부족하거나 의존적인 존재라고 말할 이유가 없다. 오히려 '철없다' 같은 말이 가부장제 사회에서 여성에게 요구되던 남성에 대한 돌봄을 내심 원해서 하는 말이 아닐지 되돌아봐야 한다. 이들은 전략적으로 '약자 되기'를 선택하고 있다.

제왕과 아이를 왔다 갔다 하는 남자들

약자가 아닌 사람이 약자 행세를 하면, 상대방은 '가

짜 강자'가 된다. 그런데 가짜 강자는 불리하다. 가짜 강자가 실질적인 힘이 없는 상황에서 무언가를 요구하거나 설득하면, 상대방은 의견을 수렴하는 게 아니라 약자인 척하면서 무시할 수 있기 때문이다. 힘든 척, 열심히한 척, 기죽은 척. 남성은 그렇게 약자인 척하지만 실제로는 자신의 힘을 마음껏 과시한다. 가부장의 권력을 교묘한 방식으로 지켜내는 셈이다.

남자들은 흔히 여자들이 잔소리가 많다고 투덜대고, 심지어 잔소리가 억압의 상징인 것처럼 이야기한다. 그런데 실제로 한 공간을 쓰거나, 함께 행동할 때의 기본적인 예의나 규칙을 누가 쉽게 어기는지 살펴봐야 한다. 한국 사회에서 상대적으로 '함부로 행동해도' '눈치를 덜 봐도' 되는 존재가 누구일지 생각해보면, 잔소리로 고통 운운하는 것이 얼마나 남성 중심적인 시각인지 알 수 있다.

가부장의 권력은 본질적으로 '말할 수 있는 권력'이 아니라 '말하지 않아도 괜찮은 권력'이다. 가부장제의 상징은 근엄한 아버지다. 아버지가 아무 말 하지 않아도 가족들은 알아서 아버지의 눈치를 보면서 비위를 맞췄고, 아버지는 구구절절한 설명이나 설득 없이도 자신의 뜻을 관철할 수 있었다.

시대가 변해서 이제 남자들은 더 이상 '근엄한 아버

지'로 존재할 수 없다. 가부장에서 내려와 동등한 위치에서 함께 말하는 자로 거듭나야 한다. 그런데 상당수의 남성은 스스로를 피억압자로 위치시키는 길을 택했다. 스스로 '잡혀 산다'라고 표현하며 여성의 말과 행동을 과도하고 비인간적인 것으로 폄하하고, 자신은 철이 없다며 관계에서 어떠한 의무나 책임을 다하고 싶지 않은 마음을 교묘하게 드러낸다.

무엇보다 잡혀 산다고 외치며 집단적 자기연민을 표출하는 이들은 타인의 고통에 대해 생각할 수가 없다. 자신 혹은 자신과 동일한 젠더와 세대와 직위를 갖고 있는 이들의 힘든 것만 보이니까. 페미니즘을 이해하고 파트너나 주변의 여성들과 공감할 수 없음은 물론이다. 여성과 소수자들이 표현하는 억울함은 '피해망상' 소리를 듣기 일쑤인데, 남성의 억울함은 대체 왜 이리 힘이 세단 말인가.

남자들에게는 거리두기가 필요하다

드라마 〈부부의 세계〉의 마지막회, 남편이었던 이태오(박해준 분)를 떠나서 자유로워진 여다경(한소희 분)이 도서관에서 공부를 하고 있다. 그때 한 남자가 갑자기 다가와서 책상 위에 커피를 내려놓고 자신의 자리로 간다. 맞은편을 쳐다보니 남자가 고개를 살짝 끄덕이며 인사를 한다. 시청자들이 '새로운 관계인 건가?' 생각하는 찰나에 여다경은 책을 정리한 뒤 일어나서 도서관을 나간다. 물론 받은 커피도 그 자리에 그대로 둔다.

이 장면은 여다경이 '부부의 세계'에서 벗어났다는

것을 의미한다. 〈부부의 세계〉 속 남자 캐릭터들은 관심이나 애정을 이유로 여성의 일상과 그들이 일상을 영위하는 공간을 아무렇지 않게 침범한다. 전남편(이태오 역)이 미행하고, 이혼 절차를 밟는 동안 별거 중인 남편(손제혁 역)이 시도 때도 없이 찾아오고, 스토커(하동식 역)가 일터에 나타나 물건을 던진다. 〈부부의 세계〉의 배경이 되는 지역인 '고산시'의 여성들은 이런 남성들의 침범에 정신적으로 휘둘리면서 고통받는다. 마침내 고산을 벗어난 여다경은 아예 철벽을 치며 남자가 자신의 일상을 건드리는 것을 거부한다.

나는 그 장면을 보며 왜 남성의 호감 표시나 구애는 여성의 일상적인 공간을 침범하는 식으로 이뤄질까 하고 생각했다. 해당 장면의 경우는 그래도 상황이 나은 편이지만, 일명 '도서관 헌팅'의 경우에는 얼굴도 모르는 사람이 그동안 계속 지켜봤다며 연락처를 남기고 가는 경우도 많다. 이뿐만이 아니다. 네이트판 같은 온라인 게시판을 보면 "오실 때까지 기다리겠습니다"라는 쪽지를 남겨놓는다든지, 아버지뻘 남자가 대뜸 '정신적 교감'을 나누자고 한 경우도 있다. 이런 상황에 놓인 여성은 익숙한 자리를 떠나 다른 자리로 옮기거나, 심지어 도서관을 옮기기도 한다. 신경 쓰이고 부담되기 때문이다.

그런데 남성들은 자신의 행동이 여성의 일상적 공간

을 침범하는 일이 될 수도 있다는 것을 염두에 둔 적이 있을까? '진심' '용기' 같은 단어로 미화되고 있지만, 사실은 매일 공공도서관에서 시험 준비를 하는 이들이 정체 모를 낯선 이의 쪽지를 받는 것은 대부분 달갑지 않은 일이다. 쪽지를 준 개인이 실제로 나쁜 사람인지, 좋은 사람인지는 중요하지 않다. 여성들은 자기 자신과 주변의 경험에 근거해, 누군가의 시선에 포착되면 이로 인해 계속 원치 않는 구애를 받거나 위협당할 수도 있다는 우려가 생길 수밖에 없다. 어떤 경우엔 나의 '관심'이 상대방의 일상을 위협하는 '소름'이 될 수도 있다는 것을 왜 모르는가.

그건 '로맨스'가 아닙니다

도서관의 예를 들었지만 사실 여성들은 어디서든 남성의 '작업' 대상이 된다. 어디서 만났는지, 어떤 관계인지, 내(남성)가 누구인지는 중요하지 않다. 오로지 내 마음이 그 모든 제약들을 초월해도 된다고 여긴다. 그래서 이런 행동을 사람의 마음을 얻는 행위가 아니라, '성적인 대상'을 향한 일종의 '작업'에 더 가깝다고 보는 것이다.

한 수능 감독관은 수험생의 개인정보를 확인해 마음

에 든다며 개인적으로 연락을 했고,[6] 민원실에서 일하는 경찰은 면허증을 발급해준 여자 민원인에게 마음에 들어서 연락하고 싶다는 내용의 문자를 보내 논란이 됐다.[7] 한 달 동안 청년임대주택 관리인을 했던 50대 남성은, 입주자인 20대 여성의 개인정보를 취득해 택배로 유자차를 보내고, 사랑한다고 말해 언론에 알려진 일도 있었다.[8] 혹자는 이를 극단적인 사례라고 말하겠지만, 적지 않은 여성들이 비슷한 사례(동의 없이 전화번호를 구해 연락하는 것)를 종종 경험한다.

어쩌면 '마음에 든다'는 표현이 마법의 말일지도 모른다. 무례함을 넘어 범죄에 준하는 행동도 개인의 '용기'로 둔갑시킬 수 있기 때문이다. 그런데 상대방의 마음을 헤아리는 것이 아니라, 그저 '내 마음에 들기' 때문에 하는 행동이라는 게 문제다. 남자들은 호감을 표하는, 진심을 전하는 나의 모습에 도취해버리기 일쑤다. 그래서 '동의'를 얻지 않고 상대방의 일상에 물리적으로 침입하기도 한다.

일터에서 구애를 펼치고, 집 앞까지 찾아가고, 대뜸 일과 시간 외에 만나자거나 보고 싶다는 연락을 취하고, 이런 행동들을 '로맨스'로 포장하는 남자들이 있다. 거절하거나 연락을 차단해서 끝날 정도면 다행이지만, 그렇지 않은 경우도 많다. 끈질기게 접점을 만들어서 다가오는 남자들을 말릴 방법이 없다. 정도가 약한 스토킹은 처벌도 어려워서, 불쾌함을 그저 견뎌야 하는 상황에 놓인다. 인적 네트워크 안에 있거나 내가 속한 조직의 윗사람일 경우엔 상황이 더욱 심각하다. 매번 완곡한 거절만을 반복해야 하며, 일상은 고통스러워진다.

물론 모든 사람이 '낭만적 사랑'을 경험하고 싶어 한다. 하지만 가부장제 사회에서 자라온 남성들에게는 낭만적 사랑의 롤모델이 부재한다. 낭만적 사랑이 유지될 수 있는 근간인 '평등한 관계'가 불가능한 구조에서 살고 있어서다. 그래서 마초스럽게 '쟁취'하거나, '힘(지위나 경제력)'으로 사로잡거나, 그것도 아니면 정반대로 자기연민을 가득 안고 '내가 희생한다'는 마인드로 여성과 관계를 맺으려 한다. 어느 것도 여성 입장에서는 반갑지 않다. 그런 식의 관계 맺기에선 여성의 의사가 중요하게 여겨지지 않기 때문이다.

사람 대 사람으로서 적당한 거리를 유지하며 관심을 표하고, 점차 친밀감을 키우고, 환대받으며 서로의 일상 속에 자리 잡는 것, 물론 쉽지 않은 과정이다. 하지만 그렇다고 어떤 동의도 받지 않은 채 여성의 일상 한구석에 침범해서 압박하는 것이 하나의 전략처럼 여겨져서는 안 된다. 무엇보다 사랑이 사람의 마음을 얻어내는 과정이라면, '불청객' 혹은 '침입자'에게 마음을 줄 사람은 아무도 없기 때문이다.

노크와 거리두기

한국의 남성문화가 마음에 드는 이에게 다가가기 위해 '노크'하는 법을 가르쳤는지 의문이다. 노크 대신 몰래 들어가거나, 문을 부수는 것이 더 손쉽고 효과적이라고 이야기해왔는지도 모른다. 나아가 자신이 (혼인 여부, 나이 차이, 위계 등을 고려해) 노크를 할 수 있는 사람인 건지, 노크를 해도 괜찮은 때인지 등을 종합적으로 고려하는 과정을 외면해왔다. '마음에 들어서'라는 일방적 관심 표현이 남성들과 미디어에 의해 마냥 낭만화되는 동안에 그것이 내재하고 있는 폭력성은 은폐됐다.

이제 남성들에겐 '거리두기'가 필요하다. 자신의 관심 표현이나 구애의 과정이 여성의 일상을 침범하지 않는 방법을 고민하고, 지속적으로 '동의'를 구해가면서 서서히 거리를 좁히는 과정을 당연하게 여겨야 한다. 발을 맞춰가야 한다는 이야기다. 자신과 상대방의 거리가 어느 정도인지도 가늠하지 못하는 남성에게, 일단 '용기를 내라'고만 부추겼던 남성성은 폐기되어야 맞다.

'평등한 관계'에서의 '낭만적 사랑'이란 말로만 이룰 수 없다. 충분한 존중과 이해, 타인이 성실히 가꾼 일상의 안정성을 깨지 않는 것, 나라는 존재가 상대방에게 스며들 수 있는 준비 시간을 갖는 일이 필요하다. 남성들이 과거처럼 사랑을 명목으로 '침입자'가 되지 않기를, 조급해하지 않고 기다리기를, 경청하고 고민하기를 바란다. 일방적으로 문을 두드리는 행위가 관계를 만드는 '노크'가 아니라는 사실을 명심해야 함을 물론이다.

그들은 불편하지 않은 여성을 원한다

배우 송승아 씨가 자신의 인스타그램에 영화 〈82년생 김지영〉에 대해 쓴 게시물이 화제가 됐다. 영화 개봉 전날, 송 씨가 "모두가 알지만 아무도 몰랐던…. 무슨 말인지 참 알 거 같네. 내일아 빨리 와"라고 쓰자, 그의 남편인 가수 장범준 씨가 댓글로 "????"라는 물음표만 남긴 것이다. 아마 물음표가 담고 있는 함의는 '네가 왜 그 이야기에 공감해?' 혹은 '어이없네'에 가까울 듯하다.

이를 본 여성들이 장 씨를 비판했지만, 남초 커뮤니티에선 "돈을 저렇게 벌어오는데 뭐가 불만이라는 거지?"

식의 장범준 동정론(?)이 쏟아졌다. 그런데 장 씨가 MBC 예능 프로그램 〈라디오 스타〉에서 했던 말들을 보면, 이들의 동정론이 얼마나 황당한 이야기인지 확인할 수 있다.

> "(혼전 임신 사실을 고백하며) 당시 아내가 스물한 살이었어요. (장인어른이) 원래는 저에게 존대를 하셨는데, 임신 사실을 아시고는 존대를 안 하셨어요."
> "(KBS 〈슈퍼맨이 돌아왔다〉 촬영을 이야기하며) 육아가 그렇게 힘든 줄 몰랐고, 정신병 안 걸린 게 신기할 정도예요."
> "(작업하느라) 아기가 깨기 전에 나가서 자면 들어오니까… 너무 얍삽했죠, 제가."

한창 활동할 나이에 임신, 출산, 육아로 인해 경력이 중단됐다. 게다가 '독박 육아'를 해야 한다. 이러한 상황에 처한 여성이 〈82년생 김지영〉을 통해 자신이 겪고 있는 부당함을 간접적으로 고발하고자 한다. 그걸 보고 '팔자 좋은 소리'니, '남편 한남 만들었다'고 말하는 이들은 여성을 움츠러들게 해서 '말하지 못하게' 만들려는 것일 뿐이다. 공공장소에서 대놓고 '맘충'이라고 말하는 남자가 어디 있냐고? 이미 당신들이 그렇게 말하고 있지 않은가.

남초 커뮤니티에서는 이미 영화 〈82년생 김지영〉이

개봉하기 전부터 짤방이 하나 유행하고 있었다. '80년대생 한국 여자의 출생→ 10대: 빠순이→ 20대: 된장녀→ 30대 미혼: 메갈 or 30대 기혼: 맘충'으로 성장한다는 도식을 그려낸 것이다. 그렇다면 비슷한 방식으로 '80년대생 한국 남자'의 도식을 그려볼 수 있다. '출생→ 10대: 불법촬영 영상 시청자(공범)→ 20대: 성구매자→ 30대: 밥줘충'

이와 같은 방식으로 누군가 자신의 삶을 재단한다면 분노할 남성이 대다수일 것이다. 대체 무슨 자격으로 여성의 삶은 쉽게 규정해도 된다고 생각하는 걸까? 사실 그들의 행동에는 이유가 있다. 〈82년생 김지영〉을 공격하는 남자들은 자신들의 세계를 침범하지 않는 '김지영들'을 원한다. 여성들이 자기 검열을 통해 침묵하고 넘어감으로써, 현재의 사회 구조가 마냥 옳다고 믿으며 살고 싶어 한다. 그러니 여성이 자신의 삶을 증언하며 부당한 현실을 바꿔나가려는 시도 자체를 조롱하며 압력을 행사하는 것이다.

'징징거림'을 넘어서기

남성들은 그들만의 '안전한 세계'에 머물기를 원한다. 남성으로서의 이득을 한껏 누리면서도, 동시에 '나도 힘들어'라는 식으로 피해자 행세를 하며 책임을 피해갈 수 있는 그런 세계. 그 안전한 세계에 균열이 났으니 반발은 필연적일 수밖에 없다. 그러나 그 반발이 무위로 돌아갈 만큼 거대한 물결이 치고 있다. 여성들은 당신이 들을 수밖에 없도록 이야기할 것이다. 외면하려야 외면할 수 없게. 그 큰 물결의 일부가 바로 〈82년생 김지영〉인 것이다.

영화 〈82년생 김지영〉은 소설과는 다른 방식으로 전개된다. 김지영 씨의 생애 전반에 대해 그려낸 소설과 달리, 영화는 현재 26개월 된 아이를 키우는 김지영이 겪고 있는 '병'과 그로 인해 변하는 주변 상황에 집중한다. 김지영(정유미 분)의 '병'은 갑자기 다른 사람이 되는 것, 일명 '빙의'다. 그런데 김지영이 뜬금없는 사람으로 변하진 않는다. 김지영이 변하는 대상은 모두 자신 주변에 있던 여자들이며, 여자라는 이유로 고통받은 존재들이다. 외할머니, 엄마, 그리고 출산 도중에 숨진 선배 차승연 씨다.

각각 세 여자로 변한 김지영은 자신의 삶, 나아가 여성의 삶에 대해 고백한다. 지금껏 그가 남편이나 시어머니에게 전하고 싶었던 말들이 다른 사람으로 변한 그의 입에서 튀어나온다. 김지영의 증상을 보거나 들은 사람들은 놀라움을 금치 못하며, 그를 '아픈 사람' '이상한 사람'으로 취급한다.

이 모든 상황은 하나의 비유와 같다. 몇 년간 침묵을 깨고 자신의 삶을 고백하는 여성들에 대해 남성들이, '여성 혐오 사회'가 어떻게 반응했는지를 보여주는 것이다. 여자들은 그저 자신의 이야기를 했을 뿐인데, 남자들은 "페미는 정신병"이라는 조롱부터 온갖 모욕을 서슴지 않았다. 나는 아직도 강남역 여성 살인사건 추모 집회에서 "증오는 추모가 아닙니다" 등의 추모 방해 피켓을 들었던 남자들의 모습을 기억한다. 그들이 압도적인 여성 추모 군중의 수에 공포를 느끼기는커녕 당당할 수 있었던 것은, 당시 "여성혐오 범죄가 맞다"라고 외친 여성들의 목소리를 피해망상 정도로 취급한 남성들이 상당수였기 때문은 아닐까.

이렇듯 여자들은 그저 '나의 삶'에 대해 이야기한다는 이유로, '여성혐오 살인'을 당한 피해자를 추모한다는 이유로, '병'에 걸려서 증오를 표출하는 사람 취급을 받아왔다. 그리고 〈82년생 김지영〉에 대한 논의 역시 비슷한 맥락에서 진행되어왔다.

타자를 통해 자신을 드러냈던 김지영처럼, 여성들은 〈82년생 김지영〉을 통해 자신의 삶에서 겪은 폭력과 차별을 드러내려고 한다. 그러나 여성이 자신의 삶에 대해 증언하는 것을 의아해하거나 이상하게 여기는 것은 영화나 현실이나 동일하다. 현실에서도 여성의 증언을 이해하려고 노력이라도 하는 김지영의 남편 정대현(공유 분) 같은 남성들은 많지 않다. 오히려 대부분의 남성들은 "(그런 여자들은) 격리시켜야 한다"는 폭언을 퍼붓는 정대현의 직장 동료의 태도에 가깝다.

그래서일까? 불행히도 〈82년생 김지영〉을 논의하는 공론장에서는 정대현처럼 비교적 '평범한 남성의 여성혐오'에 대해선 논의조차 이루어지지 못했다. 전선은 1500원짜리 커피를 마신다는 이유로 김지영을 '맘충'이라고 부르는 소설 속 남자 회사원을 기준으로 그어졌다. 〈82년생 김지영〉에서 나오는 이야기 자체를 부정하는 남자들이 대거 등장한 것이다. 이들은 소설 《82년생 김지영》을 읽은 여자 연예인의 SNS에 악플을 달고, 영화 〈82년생 김지영〉에 대해서도 비난을 쏟아냈다. 이들은 '요즘은 남성이 차별의 피해자'라고 주장하며 여성혐오의 존재 자체를 부정했고, 일부는 '90년생 김지훈'[9]이라는 패러디 소설까지 시도했다가 실패하기도 했다. 〈82년생 김지영〉에 대한 논의에서 누가 더 불쌍하냐는 이야기가 나오는 것만으로도 명백한 퇴행이나 다름없어 보인다.

사실 《82년생 김지영》은 급진적인 주장도 아니고, 그저 남성들의 '최저 젠더 감수성'을 테스트할 수 있는 온건한 텍스트다. 영화의 경우, 남성들이 직접 경험하지 못한 여성의 삶에 대해 이해하고 변화를 위해 함께해야 한다는 메시지를 담았을 뿐이다. 그런데 어떤 남성들은 역으로 책과 영화를 봤다는 이유만으로 여성들을 마녀사냥하고 있다. 평등과 공정을 주장하지만, 나와 다른 타인의 목소리조차 들을 생각이 없는 그들의 주장이 '징징거림'을 넘어설 수 있을지 잘 모르겠다.

장범준 씨가 남긴 물음표 네 개는 아마 장 씨를 두둔했던 남성들이 되돌려받게 되지 않을까. "내가 왜 정신병인데?" "내가 왜 된장녀인데?" "내가 왜 김 여사인데?" "내가 왜 맘충인데?" 그런 질문에 대답할 자신이 있는가? 아마 대답을 한다고 하더라도 비참해질 것이다.

남자들은 무례한 질문을 멈출 줄 모른다

"담배 피우는… 담배 피우는 장면 어떻게…"

"페미니즘이 대세가 되면서, 평준화가 되면서 오히려 남자들이 설 자리를 잃어가는 것이 아닐까… 남자들이 스스로의 역할에 대해서 좀 약간 정체성을… 저 스스로도 혼란을 겪는 것 같아요. 남자는 과연 무엇인가. 그런데 그런 것들이 영화에서도 좀 그렇게 보이거든요. 여성 캐릭터는 입체적으로 보이는데 남자들은 평면적으로 보이는 그런 것들이 벌새에서도…"

영화 〈벌새〉의 GVGuest Visit에서 남자 관객들이 각각 배우와 감독을 향해 한 질문들이다. 〈벌새〉는 GV 때마다 남자 관객들이 무례한 질문을 한다는 고발이 속출했고, 이는 그중 일부다. 작품의 주제나 연출상의 궁금증과 전혀 별개의 질문들이 나오면서 GV 분위기를 망친다는 비난이 이어졌다. 특히 '담배' 질문 같은 경우에는 당시 영화관에 있던 이주영 배우가 "다른 곳에서는 안 그러셨으면 좋겠다. 아주 불순한 의도의 질문이었고 다수의 관객들이 불편했을 거라 생각한다"라는 내용을 담은 인스타그램 포스팅으로 불쾌감을 드러내기도 했다. 영화 〈미쓰백〉〈소공녀〉 GV 때도 주인공들이 담배 관련 질문을 받았다는 말이 나온 것을 감안한다면, 여자 배우에게 '담배' 관련 질문을 던지는 의도는 뻔해 보인다. "너, 정말 담배 피우는 거야?"

여성의 흡연이 사회적으로 환영받지 못한다는 점을 남성들은 종종 농담의 소재처럼 이용하기도 한다. 유튜브 채널 〈워크맨〉의 편의점 편에서 편의점 아르바이트 체험을 한 출연자 장성규 씨는 물건을 계산하던 중 다른 여자 손님에게 "담배 뭐로 드릴까요?"라고 물어본다. 손님이 "핏 체인지"라고 답하니까 "진짜 피우세요?"라고 되묻는다. 이후 장면의 편집은 더 문제적이다. 갑자기 경고음이 울리면서 여성의 얼굴을 가린다. 남자 손님이었다면 애초에 "담배 뭐로 드릴까요?"라는 질문을 하지도 않았을 테며, 담배 이름을 말했다고 경고음 따위를 울리지도 않았을 것이다.

GV 때 나왔던 그다음 질문에 대해서도 짚고 넘어가자. "남성 캐릭터는 평면적이다"라는 말이 핵심인 것 같으나 질문의 요지가 무엇인지 파악하기 어렵다. 중언부언에 흡사 하소연처럼 느껴지지만, 결국 이 질문은 수많은 페미니스트들이 받게 되는 "너 왜 그렇게 세상을 편향적으로 봐?"라는 말을 하고 싶었던 것이다. 질문의 맥락 또한 이 영화가 여성 서사라는 점이나, 감독이 페미니스트라는 점을 오히려 영화의 단점인 양 지적하는 것처럼 느껴졌다. 비판도 아니고 일종의 시비다. 적어도 비판을 할 목적이었다면 뜬금없이 '페미니즘 대세' '정체성 혼란' 이런 말을 늘어놓진 않았을 것이다.

질문이 아닌
질문

중년 남성이 전문가의 스테레오타입으로 규정된 사회라서 그런지, 혹은 각 업계마다 남성이 주요 자리를 차지해서 그런지 모르겠으나 남성들은 여성 발화자를 신뢰하지 않는다. 이는 여성 의사나 간호사가 '아가씨'라 불리며 봉변을 당하는 것만 봐도 알 수 있듯이 전문가도 예외는 아니다. 그래서 〈벌새〉 GV와 같이 남성들의 무례한 질문은 곳곳에서 멈추지 않고, 여성들을 당혹스럽게 만든다.

특히 남성들은 '페미니즘' '성평등'을 주제로 여성이 발언할 때는 아예 전문가의 권위나 신뢰성 자체를 부정하는 모습을 보이기도 한다. 2019년 5월, 권수현 여성학 박사는 총경 승진 예정자와 공공기관 예비 기관장을 대상으로 한 〈치안정책과정〉 성평등 교육에서 아래와 같은 질문을 들어야 했다.

> "우리 조직은 여성 비율이 50%다. 내가 왜 이런 이야기를 듣고 있어야 하냐."[10]
>
> "여자가 일을 잘하면 구태여 남녀 가려서 뽑을 일이 있겠어?"
>
> "그 통계의 출처를 대봐."

이뿐만 아니라 교육 중 무단으로 자리를 이탈하는 공무원까지 있었다고 한다. 이에 권수현 박사는 공식적으로 문제를 제기하고, 시정을 요구했으나 역으로 "강압적 강의" "준비 부실"이라는 말로 공격을 받았다. 교육을 망쳐놓은 경찰들에게는 징계로 남지 않는 주의 조치가 내려졌다.

은유 작가가 2019년 3월 한국여성노동자회 주최 토크콘서트에서 털어놓은 일화도 있다.[11] 한번은 성폭력과 가정폭력 피해 여성에 대한 내용으로 강연을 했는데, 질문 시간에 대뜸 한 남성이 "작가님 폭력을 당한 경험이 많으신가 보네요. 저는 옆에 있는 부인에게 목숨도 바칠 수 있는데요"라고 말했다는 것이다.

앞서 권수현 박사와 은유 작가가 받은 질문의 속뜻을 따져보자면 순수한 질문이 아니라는 것이 명백하다. 질문이란 최소한 어떤 응답을 받기 원한다는 전제하에 이뤄진다. 그런데 저 질문에서 대체 무슨 답을 얻기를 원하는 것일까. 목적은 딱 하나다. "네 말이 틀렸잖아" "너는 편향적이잖아"를 인정하게 만드는 것. 목적이 실패하더라도 상관없다. 그런 질문을 할 수 있다는 것 자체가, 이미 자신이 가진 권력을 보여주는 행위이기 때문이다.

나이 많은 남성만 무례한 것은 아니다. 학부 시절 나는 페미니즘 관련 강의를 재수강 포함해서 총 네 번 들었는데, 남학생들의 무례한 질문과 이에 답하는 선생님들의 단호한 설명을 매 수업마다 반복해서 들어야 했다. 법대의 나이 지긋한 남자 선생님들이 좀 이상하다 싶은 소수설을 이야기할 때도 가만히 있던 남학생들이, 어째서 페미니즘을 가르치는 선생님들의 말 한마디 한마디는 다 곱씹으면서 질문을 하는 것인지 놀라지 않을 수가 없었다. '한 판 붙어 볼까'라는 의도가 뻔히 보이는 시비에 선생님들은 이골이 난 것처럼 느껴졌다.

이제 남성들에게 질문을 해보자

리베카 솔닛은 자신의 책《여자들은 자꾸 같은 질문을 받는다》에서 여자들에게 쏟아지는 질문의 실체에 대해 지적한 적이 있다. 그는 여성들이 질문자의 입장에서 '답이 하나뿐인 질문'을 받고 있다며, 이를 "우리를 무리 속으로 몰아놓고 우리가 무리로부터 벗어날라치면 물어뜯는 질문" "질문 속에 이미 답이 포함되어 있으며 실은 우리를 강제하고 처벌하는 것이 목적인 질문"[12]이라고 규정한다.

남성이 여성에게 하는 불쾌한 질문들은 솔닛의 말처럼 질문 속에 이미 답이 들어 있다. 특히 페미니즘 열풍 이후에는 "너 메갈이지?" "네가 편향된 것 아냐?" "네가 너무 예민한 것 아냐?" 등의 의미를 담은 질문으로 계속 여성을 자기 검열하게 만들거나, 페미니즘 이슈를 사소하게 만들려는 시도도 늘어나고 있다. 하지만 '보편'의 이름을 가진 남성들은 언제나 여성들이 받고 있는 각종 편견과 혐오의 질문에서 자유롭다. 질문받지 않고 질문할 수 있는 권리만 있다면 그야말로 특권 아닌가.

그래서 이제 여성들이 받던 질문들을 역으로 남성들에게 돌려줬으면 한다. "너 여혐이지?" "네가 너무 둔감한 것 아냐?" "네가 너무 편향된 거 아냐?"라고. 자신의 무례함을 소신으로 여기는 이들에게는 더 많은 질문이 던져져야 한다. 일종의 '질문 미러링'이다. 남성 감독의 GV에서 "벡델 테스트 통과하셨느냐?" "이 장면은 여성혐오 아니냐?"라는 질문이 매번 나온다면, 남자들이 조금은 달라질 수 있을까? 나는 스스로에게도, 또 다른 남성들에게도, 여성들이 받아온 질문들을 똑같이 해볼 생각이다.

공정이란 무엇인가, 남자라는 특권

KB국민은행, 하나은행, 신한은행, 킨텍스, 한국가스안전공사, 대한석탄공사, 서울메트로(현 서울교통공사). 서류 심사와 면접 과정에서 오로지 여성이라는 이유로 구직자를 떨어트린 '채용 성차별 기업'들이다.

2016년 서울메트로는 '모터카 및 철도장비 운전' 분야 면접에서 네 명을, '전동차 검수 지원' 분야 면접에서 두 명의 여성을 고의로 탈락시켰다. 특히 '운전' 분야에서는 응시자 중 1등인 여성을 탈락시키려고 면접 점수를 87점에서 48점까지 떨어트렸다. 심지어 면접에서 50점 미만의 점수를 주려면 별도의 사유를 써서 내야 하는데도, 여성을 배제하기 위해 면접위원들은 이를 마다하지 않았다.

한국여성민우회 정리 자료[13]와 그간의 언론 보도에 따르면 2015년 국민은행은 서류전형에서 남성 지원자 113명의 점수를 높여서 합격시키고, 여성 지원자 112명의 점수를 낮춰서 탈락시켰다. 2013~2016년 하나은행은 남녀 성비를 4:1로 유지해왔고, 이 때문에 합격해야 할 619명의 여성이 떨어졌다고 밝혔다. 신한은행 또한 2013~2016년 동안 성비를 3:1로 조정해왔다.

한국가스안전공사는 2015, 2016년 시험 순위를 조작해 합격 순위에 들었던 여성 응시자 일곱 명을 불합격시켰다. 2014년 대한석탄공사는 서류전형에서 여성에게 고의로 낮은 점수를 줘 142명 중 세 명만 통과시키고, 그 세 명 역시 면접에서 비정상적으로 낮은 점수를 줘서 탈락시켰다. 킨텍스는 양성평등 채용목표제를 제멋대로 남용하여 서류전형에서 합격한 여성 지원자 43명을 탈락시키고, 필기시험에서도 성비를 이유로 임의로 세 명을 더 탈락시켰다.

이는 사실 빙산의 일각이다. 남성을 우대하거나 성적에 관계없이 성비를 맞추려는 기업들의 관행은 여전하다. 2018년 3월, 한국여성노동자회에서 주최한 '20대 여성

취업' 좌담회에 나는 인터뷰어로 참가한 적이 있다. 좌담회에 온 구직자들이 공통적으로 하는 말은 '정황상 차별'이 현존한다는 것이었다. 실제로 여성 지원자가 더 많고 그들의 성적이 더 좋다는 평가가 지배적인 언론계마저 방송사는 5:5, 뉴스통신사나 경제지는 남성 우대 경향이 여전하다. 실력이 똑같아도 여성이라는 이유만으로 탈락할 수 있다. 항의하기조차 어려운 교묘하고 은밀한 차별은 계속 이어지고 있다.

그런데 어떤 남자들은 공무원이나 교사 합격 성비를 근거로 들며, '성차별이 어디 있냐'고 말한다. 특히 초등학교 교사의 여성 비율은 '여성 상위시대'라는 근거로 제시되기도 한다. 하지만 남성이 압도적인 비율을 차지하는 기업을 수십 개는 말할 수 있다. 심지어 2019년 기준 100대 기업 중에도 남성 비율이 90% 이상인 곳은 17개이다.

여성이 공무원 시험에 몰두하고 좋은 성적을 내는 이유는 분명하다. 공무원이 앞서 말한 채용 성차별에서 거의 유일하게 자유로운 직업이며, 동시에 출산 후 경력 단절을 피해갈 수 있는 몇 안 되는 길이기 때문이다. 특히 후자의 요인이 더 커 보인다.

방해물은 곳곳에 숨어 있다

남자들은 결혼 또는 출산이 자신의 직업이나 앞으로의 커리어에 영향을 끼친다는 생각 자체를 못 할 것이다. 반면 여자들은 다르다. 출산을 통해서 적어도 몇 개월간은 일을 쉴 수밖에 없으며, 여전히 주 양육자가 여성으로 규정된 사회에서는 한동안 육아의 책임에서 자유로울 수 없기 때문이다.

일을 몇 개월 쉬기만 하면 다행이다. 알다시피 복귀하지 못하고 경력이 단절되는 여성이 훨씬 많다. 비정규직이거나, 소득이 적고 전문성을 인정받지 못하는 일을 하는 경우엔 일단 일을 그만두는 것을 당연하게 여기기도 한다. 또한 남성과 여성의 소득 격차가 크고, 남성이 육아에 함께할 수 없을 정도로 야근이나 출장이 잦은 경우에는 어쩔 수 없이 '전업주부'를 택해야 하는 상황도 많다. 각자의 사정은 매우 다양하다. 하지만 결국 '여성이 육아를 전담하라'는 사회적 요구가 여전히 압도적이기에 많은 여성이 일을 그만두고 육아를 전담한다.

남성의 경우 어중간한 커리어라도 끝까지 도전할 수 있는 반면, 여성은 출산과 육아로 인해 잠재력을 펼치지 못하게 된다. 그나마 공무원이라는 직업은 결혼과 출산에서 자신을 보호할 수 있다. 고용 형태가 안정적이고, 육아휴직을 자유롭게 쓸 수 있어서다.

공무원이든, 그 밖의 직업이든 운 좋게 경력 단절만 피했다고 해서 끝은 아니다. 가사와 육아로 인해 일에 전념하기 어려워질 가능성이 높다. 부모님의 도움을 받거나, 공동육아, 공동가사로 의무를 분담하는 남편을 만나야 부담을 덜 수 있다. 그런데 이런 조건이 언제나 성립되는 것은 아니다. 결국 '개인의 선의'에 의존하므로 한계가 명확하다. 상황이 이렇다 보니 젊은 여성들이 '비혼' '비출산'을 이야기하는 것은 당연하다.

물론 비혼, 비출산도 답은 아니다. 대부분의 회사는 남성 간부들이 만든 남성 조직이다. 업무의 A to Z를 모두 남성 직원이 수행하는 것을 기본값으로 한다. 업무 강도, 일의 형태, 조직문화 등이 너무나 남성적이어서 여성 직원을 고통스럽게 하는 곳도 많다. 상명하복과 술자리 문화가 강한 곳, 월경휴가조차 마음 놓고 쓸 수 없는 회사에서 여성은 '특별한' 존재가 된다. 이처럼 의도치 않게 배려받거나, 배제당한다. 한국여성의전화는 이를 '먼지 차별'이라고 일컫는다. "우리 눈에 잘 띄지 않지만 도처에 깔려있고, 유해하며, 늘 치우지 않으면 쌓이는 '먼지'와도 같다"는 점에서다.

누군가는 회사에서 힘들고 고된 일은 남성들이 도맡

아 한다고 하소연하기도 한다. 하지만 그런 일들은 회사에서 핵심적인 업무인 경우가 많고, 고생에는 대가가 지급된다. 사내에서의 인정과 승진, 보너스 등의 보상이 돌아온다. 애초에 여성은 배려를 가장한 펜스룰에 시달리면서 기회조차 얻지 못하는 경우가 많다.

2018년 5월 법무부 법무검찰개혁위원회가 검찰의 특수·공안부 등 인지부서, 범죄예방기획과, 교정기획과, 출입국기획과 등 주요 부서에 여성 공무원의 비율이 현저히 낮다고 지적했다. 대표적으로 당시 특수·공안부 등 인지부서의 여성 검사 비율은 11.4%(79명 중 9명)로, 전체 여성 검사 비율 29.4%(2085명 중 614명)의 3분의 1 수준에 불과했다.[14] 채용 차별, 경력 단절, 먼지 차별의 늪을 넘었다고 고지가 보이는 것은 아니다. 유리천장이 달리 유리천장일까. 500대 대기업 임원 중 3%만이 여성이다. 또 그렇게 많은 여성 공무원이 있다고 해도, 여성 고위 공무원 비율은 6.7%에 불과하다.

여성과 남성의 운동장은 명백히 다르다

'조국 사태' 이후에 '공정'에 대한 논의가 쏟아지고 있다. 평범한 사람들은 생각하지 못하는 스펙 쌓기 방식을 통해 계층과 부의 대물림이 이뤄지고 있는 것에 대한 문제의식도 높아졌다. 그런데 부유층 혹은 중산층 부모의 부와 권력이 특권으로 작용한다면, 공고한 '남성 중심 사회'에서 남성이라는 성별 자체도 역시 특권이 될 수밖에 없지 않을까. 소위 586이나 사회 기득권의 자녀들이 평범한 사람들은 모르는 특혜와 꼼수로 성공적인 삶을 이어간다면, 남성들은 여성들이 모르는 '남성연대'라는 특혜와 꼼수를 통해서 출셋길을 만든다. 채용에서 이득을 얻고, 경력 단절 없이 주요 업무를 맡아 자연스럽게 임원이 되는 기회는 대부분 남성에게만 주어진다.

'조국 사태'는 "알고 보니 운동장이 달랐다"라는 깨달음을 주었다. 그렇다면 남성과 여성의 운동장은 같은가. 당연히 아니다. 동일한 교육을 받은 청년이라면 그 이후의 삶에서 '성별'은 어떤 영향을 끼칠까. 단적인 예시가 하나 있다. 2016년 방송된 SBS 스페셜 〈엄마의 전쟁〉에선 고려대학교 노어노문학과 92학번 50여 명의 삶을 추적해봤다. 그러자 남자들은 평균적으로 연봉 7000만 원을 받으며 국내 굴지의 대기업에 다니는 반면, 여성들은 상당수가 출산과 육아로 인해 회사를 그만두고 파트타임과 같은 비정규직 일자리에 머물고 있었다.

혹자는 물을 것이다. 과거 일이 아니냐고. 하지만 2019년 7월 기준으로 30대 남성과 여성의 경제활동 참가율은 29.6%p 차이가 난다. 여전히 여성들이 '채용 차별-경력 단절-유리천장' 구조에서 자신의 일을 포기하고 사회적 지위를 잃어갈 때, 남자들은 그들만의 기득권을 강력하게 유지한다.

공고한 가부장제 사회에서는 남편의 부와 권력이 동시에 여성의 것이기도 했다. 그러나 이제 아무도 그런 관점에 동의하지 않을 것이다. 여성은 여성 스스로의 삶을 살아야 하는 때이다. 그런 면에서 지금의 성차별적 현실은 너무나 불공정하다. 페미니스트들이 종종 이야기하는 '남성으로 태어난 것 자체가 특권이고 스펙이다'라는 말이 하나 틀린 게 없다.

그런데 현실은 참 이상하게 돌아간다. 오히려 페미니즘 열풍에 대한 반발로 20대 남성들이 "우리가 제일 약자다"라고 외치며 나선 것이다. 덩달아 20대 남성의 대통령 지지율이 낮게 나오는 것을 보고, 온 사회가 "20대 남성이 사회를 공정하지 못하다고 느끼는 이유"를 분석하고 있다. 2021년 4월 서울시장 보궐선거 이후 이러한 현상은 더욱 적나라하게 관찰된다. 방송 3사 출구 조사에서 20대 남성의 오세훈 후보 지지율이 72.5%가 나온 것을 계기로, 수많은 언론에서 20대 남성의 말을 그대로 받아 적기 시작했다. 일부 민주당 의원들은 갑자기 '군 가산점 부활' 법안을 발의했고, 김남국 의원은 반정부 성향이 강한 남초 커뮤니티인 '에펨코리아'와 소통을 시도하겠다고 밝혔다. 반면 정치권은 '여당 지지층 이탈'이 눈에 띄게 드러난 20대 여성에 대해선 전혀 신경 쓰지 않는 분위기다.

하지만 정작 공정하지 못한 이 사회에서 배제된 이들은 누구일까? 고소득층보다는 저소득층일 것이며, 남성보다는 여성일 것이며, 저소득층 여성은 이중의 배제를 감내해야 할 것이다. 정치권과 언론이 진정 관심을 기울일 곳이 어디인지 너무나 명확하지 않은가. 진정 공정한 사회를 원한다면, 실체가 없는 역차별이 아니라 채용 성차별 피해를 호소하는 20대 여성의 목소리에 귀 기울여주길 바란다. 눈에 뻔히 보이는 불공정조차 관심이 없으면서, 무슨 공정을 논한단 말인가.

유관순은 언제까지 누나로 불려야 하나

2020년 추석 연휴에 엄청난 화제를 모았던 KBS2 나훈아 콘서트의 말미, 나훈아는 어려울 때 나라를 지킨 것은 평범한 국민들이었다며 코로나19로 인한 위기를 겪고 있는 이들을 위로했다. 그러면서 "유관순 누나, 진주의 논개, 윤봉길 의사, 안중근 열사 뭐 이런 분들 모두 다 보통 우리 국민이었습니다"라고 위인들을 언급했다.

그런데 이 부분에서 KBS의 자막이 특이했다. 유관순은 그대로 '누나'로 기재하되, 안중근은 '의사'로 고쳐서 자막을 내보낸 것이다. 맨몸으로 저항한 경우에 '열사', 무력으로 항거한 경우에 '의사'이므로 안중근은 '의사'라고 하는 게 정확하다. 그런데 왜 유관순은 '열사'로 바꾸지 않았을까? 차라리 말을 그대로 옮겼다면 문제라고 생각하지 않을 수 있다. 그런데 한쪽은 맞는 호칭으로 바꾸고, 다른 한쪽은 바꾸지 않았다면 이상하다는 생각이 들 수밖에 없다.

가수 개인은 유관순 열사를 '누나'라고 부를 수 있다고 생각한다. 지금의 60, 70대는 학교에서부터 '유관순 누나'로 교육받았을 테니까. 그러나 공영방송사는 올바른 호칭 표기에 대한 책임감을 가져야 한다. 안중근은 의사라고 고치면서 유관순은 누나로 남겨뒀다는 점, 단순히 부주의가 원인은 아닐 것이다.

유관순 열사가 다른 독립운동가들에 비해 비교적 눈에 띄는 점은 '어린 여성'이라는, 그의 성별과 나이다. 그 때문에 이승만 정부를 통해 3·1운동의 상징으로 부각되기도 했다. 하지만 이 과정에서 유관순 열사는 '민족의 누이' '독립운동의 꽃'이라는 성별화된 존재가 됐으며, " '곱고 여린' 여학생을 일제가 참혹하게 고문해서 죽였다"라는 식의 희생자 서사가 더 강조되기도 했다.

'누나'라는 호칭이 이어져 왔다는 사실은 그가 온전한 역사의 주체로서 기록되지 않았다는 점을 증명한다. '누나'는 어떻게 존재하는가? 가족(가부장제) 안에서의 남성이 그를 관계 속에서 호명할 때만 가능해진다. 이렇게 그는 남성의 시선에서 '영웅'이 아닌 '여성'으로, 또한 '사적인' 존재로 대상화됐다. 남성으로 표상되는 국가와 가족이 그를 독립운동가라고 부르는 대신, '소녀'로 포박한 것이다.

어떠한 남자 위인이나 독립운동가에게도 '형'이라는 호칭이 붙지 않는다. 윤봉길 의사도 사망 당시 겨우 25세였지만, 아무도 '윤봉길 형' '윤봉길 오빠'라고 부르지 않는다. 누군가의 관계 속에서 규정지어질 필요가 없는, '보편형의 인간'인 남성이기 때문이다.

근래 들어 여성 독립운동가로서의 유관순 열사의 업적을 조명하기 위한 작업이 이어지고 있지만, 오랜 시간 그를 '누나'로 부르게 했던 흔적은 쉬이 지워지지 않는 듯하다. 최근 유관순 열사의 얼굴을 페이스 앱으로 보정해서 '웃는 유관순'을 만들어 논란이 되었던 일은, 한국 사회가 유관순 열사를 국민들의 애국심을 고취시키기 위해 '가련하고 어린 여성'으로 도구화하는 시선에서 벗어나지 못했다는 것을 실감케 했다.

온라인 커뮤니티 클리앙의 한 유저는 2020년 9월 29일 '유관순 열사 사진을 조금 더 복원해봅니다'라는 글을 통해, 수형기록표에 있는 유관순 열사 사진을 고쳐서 게시했다. 엄밀히 말하면 '복원'이 아니라 '보정'이었다. 얼굴선을 갸름하게 만든 사진 한 장과 웃는 모습으로 만든 사진 한 장을 올렸고 이는 큰 화제를 불러모았다. 이 사진을 격찬하는 반응 속에서 유관순 열사조차 '어린 여성'이자 '미적 대상'으로 여겨진다는 것을 실감했다. "저 예쁜 나이에" "누님 예쁘게 만들어주셔서 감사합니다" "굴러가는 낙엽에도 웃고, 꽃마저 질투하던 시절이지요" "아름다운 모습으로 복구하셨네요" 등의 댓글이 달렸다.

위인이 왜 예뻐야 하나? 위인이 왜 웃어야 하나? 독립운동가의 외양을 아름답게 만드는 것을 넘어서서 심지어 가상으로 웃게 만든 이유는, 유관순 열사를 '꽃처럼 아름답고' '밝아야 마땅할' 어린 여성으로 보고 있기 때문이다. 아마 사진을 보정한 사람이나 댓글을 단 사람들 누구도 '대상화'의 의도는 없다고 말할 것이다. 하지만 단호하고 강인한 모습을 보인 독립투사를 왜 '고운 얼굴로 웃음 짓는' 모습으로 기억해야 하는지 납득이 되지 않는다. 남성 중심 사회가 바라는 '여성성'을 위인에게까지 투여한 것에 불과한데, 여태껏 그런 일들이 자연스럽게 일어나는 사회였으니 별 문제의식을 느끼지 못한 채 감동했다고 표현하는 것일지도 모른다. 참고로 고문을 당하기 전 유관순의 모습은, 이화여자대학교 측에서 이화학당 재학 당시 사진 두 점을 공개하면서 알려진 바 있다.

얼마 전 세상을 떠난 루스 베이더 긴즈버그 미국 연방대법관의 이야기 또한 한국에서 '러블리한'이라는 수식이 붙은 채로 홍보된 적이 있다.[15] CGV가 그의 일대기를 다룬 영화인 〈세상을 바꾼 변호인〉의 한국판 포스터 문구를 영문판과는 딴판으로 썼기 때문이다. 'Heroic(영웅적인)'은 '러블리한 날'로, 'Marvelous(훌륭한)'는 '꾸.안.꾸한 날(꾸민 듯 안 꾸민 날)'로 바꿨다. 또 다른 포스터의 'Leader, Lawyer, Justice, Activist'라는 문구는 '독보적인 스타일, 진정한 힙스터, 시대의 아이콘, 핵인싸, 데일리룩'으로 교체되었다.

이 작품의 원제는 무려 'On the Basis of Sex(성별에 근거하여)'다. 영화의 내용을 아예 몰랐다고 하더라도, 원제를 본다면 '러블리한 날' 같은 문구는 나올 수 없었다. 여성 인권 향상에 크게 기여한 입지적인 인물조차 '꾸안꾸' '러블리' '데일리룩' 같은 말로 포장하는 것은, 여성이 주인공인 영화일 경우 그들의 '외양'을 강조해서 마케팅하던 관습이 반복된 것이다. 심지어 CGV는 이전에도 아름다운 외모 때문에 오히려 발명가로서의 업적이 가려진 '헤디 라마Hedy Lamarr'의 삶을 그린 영화 〈밤쉘〉을 페이스북에 홍보하면서 "이 얼굴 실화…? 공대 아름이의 원조"라고 카피를 써서 논란을 불러일으켰었다.

독립운동가와 미국 연방대법관을 묘사하면서도 '남

성이, 남성사회가 원하는 여성'을 그려내는 상황은, 여성이 독립적인 존재로서 온전히 주체성을 인정받기가 얼마만큼 어려운지 잘 보여준다. 유관순 열사를 가련한 희생자가 아니라 강인한 투사로 생각했다면, 순박한 누이가 아니라 고등교육을 받은 신여성으로 봤다면 투옥 중이던 사진에 마음 아파서 손을 댈 리가 없다. 적어도 웃는 얼굴로 변형하는 정도까지 나아가진 않았을 것이다.

웃는 얼굴로의 보정은 공적인 권위를 부여받아서 존경의 대상이 되어야 할 유관순 열사를 그저 한 명의 '소녀'로 만들었다. 더불어 한국 사회가, 정확히 말하자면 남성이 여성에게 요구하는 '보기 좋은 여성의 모습'을 담았다는 의혹에서도 벗어나기 어렵다. 여성 연예인이 웃지 않으면 정색한다며 인성 논란이 일어나고, 여성 후보가 웃지 않는 표정으로 선거 포스터를 찍으면 싸가지 없다고 욕을 먹는 사회다. 이렇게 웃지 않으면 안 될 것 같은 무언의 압박을 가하면서, 막상 웃어주면 '결혼까지 생각하는' 상황이다 보니 여성들은 더 이상 억지로 웃지 않으려고 한다. 여성은 왜 웃어야 아름답다고 이야기하는지, 웃는 모습이 왜 여성의 '본래 모습'처럼 여겨지는지에 대해서 우리 사회는 충분히 고민해오지 않았다.

유관순 열사를 기리는 방식은 과거와 달라지고 있

다. 이제 어린 나이에 겪었던 고초와 희생에 안타까워하는 것을 넘어서서 그의 신념과 주체적인 모습, 말 그대로 일제에 맞서 어떻게 항거했는지가 더 중요하게 다뤄지고 있다. 또한 여성이라는 이유로 가려져 있던 독립운동가들이 하나둘씩 조명되면서, 이들은 '누이'나 '여인'이 아니라 한 명의 독립운동 주체로서 다시 기록되고 있다. 남성의 시선에서 여성을 바라보고 기록하고 평가해온 것이 얼마나 정당했는지 돌이켜볼 시기다. 부디 퇴행만은 말아주시길.

"내가 말하고 있잖아요"

2020년 10월 7일 밤, 미국 부통령 후보 토론회에서 가장 화제가 됐던 말은 "Mr. Vice President, I'm Speaking"이었다. 당시 미국의 첫 여성 흑인 부통령 후보인 민주당 카멀라 해리스 상원의원은 마이크 펜스 부통령이 말을 끊을 때마다 "내가 말하고 있잖아요"라고 정중하게 말했다. 무려 세 번이나.

조 바이든 후보가 트럼프 대통령을 향해 "Will you shut up, Man"이라고 말한 것과도 비교되는, 해리스 의원의 세련되면서도 단호한 대응은 큰 지지를 받았다. 동시에

이 말은 유행어가 됐다. 수많은 트위터 계정의 이름들이 "Mr. Vice President, I'm Speaking"으로 바뀌었고, 이 문구가 새겨진 티셔츠도 만들어졌다.

미국 드라마 〈오렌지 이즈 더 뉴 블랙Orange Is the New Black〉에 출연한 우조 아두바Uzo Aduba는 "I'm speaking. I'm speaking. I hope every little girl heard that"이라며 지지를 표명했고, 시나리오 작가 엘리자베스 해켓Elizabeth Hackett 역시 "'I'm speaking.' This should be a 101 taught to all young girls. Nobody taught us this in the 1980s(이 말은 모든 소녀에게 가르치는 기초가 되어야 한다. 1980년대에는 아무도 이것을 가르쳐주지 않았다)"[16]라고 말했다.

사실 백인 70대 남성 두 명이 하는 토론회에서 "내가 말하고 있잖아요"라는 말이 나와 봤자 별 감흥이 없었을 것이다. 그저 닥치라는 말보다 조금 정중하게 느껴지는 정도이다. 하지만 카멀라 해리스 의원의 "I'm Speaking"은 여성들과 소수자들에게는 큰 의미가 된다. 전 세계 공통으로, '중장년 남성(미국의 경우에는 백인)'의 목소리는 불필요하게 크고 힘이 있다. 무엇보다 그들은 자신과 같은 중장년 남성이 옆에 있지 않은 경우에는 하고 싶은 말을 눈치 보지 않고 하며, 남의 말을 끊고, 제멋대로 결론을 내려버린다. 자신이 그렇게 행동해도 안전하다는 것을 알고 있어서다.

그런 점에서 여성들에게, 특히 젊은 여성들에게 "내가 말하고 있잖아요"는 정말 필요한 말이었다. 이것은 '나는 당신과 동등한 주체'라는 것을 선언하는 말과도 같다. 나는 말할 수 있고 당신은 내 말을 들어야 한다는 것, 나의 말을 가로막을 어떠한 권리도 당신에게 없다는 것을 상기시킨다는 점에서, 젊은 여성들의 입을 숱하게 가로막았던 한국의 중장년 남성까지 떠올리게 만들었다.

여성들에게는 반박할 권리가 있다

한국에서는 산업통상자원중소벤처기업위원회(산자위) 국정감사에서 비슷하다면 비슷한 일이 있었다. 20대 여성 국회의원인 정의당 류호정 의원이 공영홈쇼핑 마케팅 본부장의 경력 허위 기재를 문제 삼았고, 70대 남성인 공용홈쇼핑 최창희 대표가 답변하고 있었다. 류 의원은 최 대표의 답변을 끊으면서 "그렇다고 해서 허위 기재가 용인되지는 않고요"라며 문제를 제기했다. 그러자 최 대표가 한 말은 "류호정 의원님"도, "류 의원님"도, "의원님"도 아니었다.

"어이."[17]

귀를 의심할 수밖에 없었던 게, 도무지 "어이"라는

말이 나올만한 상황이 아니어서였다. 딱히 류 의원에게 화를 낸 것도 아니어서, 조건반사적으로 튀어나왔다는 느낌을 받았다. 무려 "미스터 바이스 프레지던트, 아임 스피킹"이 "어이"로 대체될 수 있다는 게 화나는 일이었지만, 다행히 류 의원은 제대로 맞섰다.

"어이?"

상대방이 했던 말을 되돌려주는 것은, "뭐라고?" "다시 한번 말해봐" 등과 동등한 효과를 가져온다. 거기서 가만히 넘어갔어도, 또 이 말에 격분하는 것도 애매한 상황이었다. 하지만 류 의원은 바로 당당하게 대처했다.

류 의원은 KBS 인터뷰에서 "(국정감사의) 본말이 전도될까 봐 따로 지적은 하지 않았다"고 했다.[18] 그리고 그는 오후 추가 질의 시간이 되어서야 최 대표에게 "'제가 사장님 친구도 아닌데'라는 생각이 순간 들었습니다"라며 문제를 제기했다. 최 대표가 "허위"라고 했던 것 같다고 둘러대자 "그럴수록 구차해지는 건 제가 아닌 것 같습니다"라고 응수했고, "국민의 대표로 이 자리에 와 있고 국민에게 답변한다는, 존중하는 태도로 해주시기 바랍니다"라며 발언을 마무리했다.

중장년 남성만 우글우글한 국회와 국정감사장에서 류 의원은 여성과 청년이라는 이유로 밀리지 않는 모습을 보여주기 위해 부단히 노력 중이다. 그는 자신이 대변하고자 하는 이들과 자신을 지켜보고 응원하는 이들이 누군지 분명하게 안다. 그래서 그는 국회의원이라는 권력과 권한을 이용해서 보통의 여성 청년 노동자가 쉽게 내지 못하는 목소리를 낸다. 말할 수 없거나 말하기 힘든 이들의 말을 대신 전달하는 것이니 기가 죽어서도, 해야 할 말을 못 해서도 안 된다는 것을 안다.

20대 여성 국회의원이 사회 주류층인 중장년 남성에게 고함을 치면서 따지고, 그들의 무례함에 대응하고 경고하는 모습은 단순히 카타르시스 이상의 효과를 가져올지도 모르겠다. 이제 국회의원, 즉 입법기관의 표상이 단순히 '오륙남'에 머물러 있지 않다는 것, 그리고 그들의 성별과 나이가 무례함과 게으름을 정당화할 수 없다는 것을 알려주는 효과를 가져올 것이다.

'성희롱' '자기중심적 발언(맨스플레인)' '무례함' '반말' '눈치 없음' 등은 적어도 공적인 자리에서 남성들이 가질 수 있는 태도가 아니라는 사실이 각인되었으면 한다. 그들에게는 다른 사람들의 목소리를 들어야 할 의무가 있고, 여성들과 소수자들에게는 말하고 반박할 수 있는 권리가 있다. "부통령님, 내가 말하고 있잖아요"처럼 "어이?"도 티셔츠 문구로 쓰이면 참 좋겠다.

여성의 폭력 피해는 어떻게 글감이 되는가

많은 중년 남성이 젠더폭력의 본질을 '젠더'로 인식하지 않는다. 연인 또는 부부 간에 일어나는 폭력의 가해자는 대부분 남성이다. 그렇다면 사회·경제적 구조나 개인의 성격만큼이나 권력을 갖고 있는 특정 성별의 문제임이 분명하다. 하지만 중년 남성들은 남성이 여성에게 가하는 폭력의 원인을 다른 데서 찾는다. 피해자의 행실에서 찾고, 술에서 찾고, 심지어 법원이 가해자의 변명을 적극적으로 수용해 감형하기도 한다. 사회적으로 큰 주목을 받은 사건들을 '정치권력의 음모론'으로 보는 건 어제오늘 일이 아니다.

이들은 젠더폭력이 자신이 속한 집단의 문제가 되는 것은 원치 않았기에, 책임을 빙빙 돌렸다. 어쨌거나 '남성'의 문제가 되는 것만큼은 막으려고 애썼다. 범죄를 설명할 이유조차 찾을 수 없을 때는 가해자를 남성이 아닌 '괴물'로 만들고, 강남역 여성 살인사건처럼 조현병 환자의 '묻지마 범죄'로 만들어버렸다.

남성에 의한 여성 폭력 사건들이 남성들에게 어떠한 경각심도 주지 못하는 것은, 아주 오래된 회피와 발뺌의 습관에서 비롯된다. 그들은 어떠한 젠더 감수성 없이도 그동안 잘 살아왔고 잘 살아갈 것이므로 젠더폭력을 계속 '여성 문제'로 미뤄둔다. 심지어 농담과 유희의 대상으로 치부하며 아무렇지 않게 2차 가해를 저지르기도 한다.

한발 더 나아가면, 이들은 젠더폭력을 자신들이 주장하고 싶은 내용의 디딤돌로 삼는다. 이런 글의 특징은 겨누는 대상이 '내가 정치적으로 적대하는 세력'에 있다는 것이다. 젠더폭력의 잔혹함이나 가해자의 도덕적 문제를 언급하긴 하지만, 핵심은 그 문제를 어떻게 해결할 것이냐에 있지 않다. 나와 내 주변의 문제가 아니라, 실체조차 불분명한 더 크고 본질적인 문제가 자리 잡고 있다고 떵떵거린다.

젠더폭력을 불쏘시개로 삼는 글쓰기

"계속되는 어머니의 잔소리 속에 아버지는 자신을 향한 어머니의 지적 우월감을 감지한다. 당신을 존중해주지 않는다 생각하고 분노를 터뜨린다. 말싸움 끝에 아버지가 욕을 하거나 손찌검을 하면 어머니는 끝끝내 비참해진다. … 아무리 좋은 얘기를 해도, 아버지는 그걸 정서적 폭력으로 받아들이셨다. 더 똑똑한 어머니가 한발 물러나서 부족한 아버지를 감싸주면 좋으련만 그런 일은 일어나지 않았다. … 요즘 지식인은 산에 올라가 수양하지 않는다. 사회적 관계망이라는 저잣거리에 세상을 조롱하는 글을 올리고, 이는 다시 의도를 가진 특정 언론에 의해 제멋대로 확대 해석되어 사람들의 가슴에 분노를 당긴다."

2020년 11월 10일 자 《한겨레》에 실린 김민식 MBC PD의 〈지식인의 진짜 책무〉[19]라는 글이 주는 충격은, 가정폭력의 피해자인 '어머니 탓'을 하면서 자신의 논지를 전개해 나간다는 점에 있었다. 젠더폭력을 불쏘시개 삼는 방식은 일반적으로 가해행위를 선택적으로 편집해서 '남성'을 지우고, 그 자리를 적대시하는 세력이나 인물로 대체하는 것이다. 하지만 이 글의 경우는 아예 피해-가해를 뒤바꿨다. 결국 그가 이런 무모한 짓을 하면서까지 전하고 싶었던 말은 "지식인의 선민의식과 지적우월감은 화를 부른다"에 불과했다.

2016년에 그는 《한국일보》 인터뷰를 통해 "어머니가 나를 낳아주셨고, 집에는 마님이 계시고, 딸을 둘 키우고 있어서" 페미니스트가 됐다고 선언했다.[20] 그럼에도 그는 가정폭력을 가부장제 구조와 무관하게 사적 영역에서 개인 간의 갈등으로 일어나는 일처럼 여겼기에, 과감히 도구화했다. 폭력을 남성의, 즉 '나'의 문제로 여기면 도무지 쓰지 못할 말들이 가득한 글이었다.

김민식 PD는 사과문에서 "철없는 아들의 글로 인해 혹 상처받으셨을지 모를 어머니께도 죄송합니다. … 어머니의 사랑을 너무 당연한 것처럼 여기며 살지 않았나 뉘우치게 됩니다"라고 썼다.[21] 그는 어머니를 욕되게 했다는 것에만 송구함을 표하고 있다. '때릴만하니까 때렸다'라는 젠더폭력 가해자들의 변명이나, 2차 가해자들의 말을 반복했다는 것은 그에게 중요한 지적이 아닌 듯하다.

의외로 그의 글에 공감을 표하는 이들이 종종 보였던 것도 충격이었는데, 아버지의 가정폭력에 대해 묘사한 글의 처음 다섯 문단이 어떠한 문제로도 느껴지지 않았으면 가능하다. 젠더폭력을 젠더폭력으로 받아들이지 못하고 사적 갈등에서 비롯된 일로 여기는 관점을 가지고 있으면, 앞의 다섯 문단은 일종의 우화에 가깝게 느껴질 것이다. 지적 우월감으로 남편을 구속하는 아내, 존중받지 못해 화가 난 남편의 사례로 여기며 홀로 교훈을 얻었을지도 모른다.

중년 남성들이 성범죄 사건을 이야기할 때, 그들이 말하는 정의는 '성범죄 없는 사회를 위한 변화'가 아니다. '나와 적대하는 혹은 내가 미워하는 특정 집단의 파산'에 가깝다. 이들은 성범죄 해결에 별 관심이 없다. 그것이 나쁘다는 것만 어렴풋이 알고 있을 뿐이고, 내가 속한 집단에서, 혹은 내가 행할 수도 있다는 것은 전혀 모른다.

텔레그램 n번방 성착취 사건을 황교안 전 미래통합당 대표의 공천과 엮어 '비례그램 m번방'이라고 비유하던 《민중의소리》 만평,[22] 한 방송사 기자의 성추행 피해에 대해 "조국 장관 가족들의 일생을 추행한 것부터 반성하라"[23] 고 말한 전우용 교수, 버닝썬 사건으로 연예인들의 불법 촬영과 약물 강간 혐의가 대두될 때도 '진짜 본질'은 박근혜 정권과 관련된 윗선이라고 외치던 586들. 특정 진영의 문제만으로 보기도 어렵다. '오거돈 성추행 사건' 때 진중권 전 교수는 "친문 인사가 낳은 비극"[24] 이라거나 폭로 시기에 대해 "친문 여성단체 인사가 개입한 게 아니냐"[25] 라는 음모론을 제기했고, 미래통합당은 피해자가 특정될 수 있는 단서를 계속 공표했다. 이런 사례는 너무 많아서 일일이 언급하기도 힘들 정도다. 분명한 것은 이들이 성범죄 해결에 관심이 없다는 사실이다.

견고하고 끈질긴 젠더폭력의 구조는, 여성이 겪는 폭력을 사소화·주변화하려는 남성들의 기만에 의해 구축된다. 어떤 폭력은 의도적으로 '남성에 의한 여성 폭력'이라는 사실이 지워지고, 형체도 파악할 수 없게, 도구로만 기능하도록 만들어진다. 그렇게 '남성 문제'에서 남성들은 자유로웠으며, 심지어 여성들보다 더 목소리를 높이기까지 했다. 대체 언제까지 그 시절이 이어질 수 있을 것이라 믿는가?

2부

언제까지 가해자를 위한 나라일 것인가

묵인과 방조

당신들이 만든 '지옥'입니다

"2월 10일 국회 국민동의청원 홈페이지에 올라온 '텔레그램에서 발생하는 디지털성범죄 해결에 관한 청원'에 10만 명이 참여해 청원이 성립됐다. 이어서 국회는 3월 5일 국회 청원 1호 법안인 'n번방 방지법(성폭력처벌법 개정안)'을 통과시켰다."

많은 언론이 위와 같이 보도했다. 하지만 실상은 달랐다. 2020년 3월 5일 통과된 법안에는 딥페이크 영상의 제작 유통의 처벌 규정만이 있을 뿐이었다. 정작 국회 청원은 본회의에 올라가지도 않은 채 폐기되었고, '청원 취지가 반영됐다'며 기존의 성폭력 특례법 개정 발의안 네 개와 병합되어 처리되었다.

청원인이 요구한 내용은 ① 경찰의 국제공조수사, ② 수사기관의 디지털성범죄 전담부서 신설 및 2차 가해 방지를 포함한 대응매뉴얼 신설, ③ 엄격한 양형기준 설정 등이었다. 그러나 '1호 법안'에는 그 어떤 것도 들어 있지 않았다. 'n번방 성착취 강력촉구 처벌' 첫 시위 장소가 국회로 정해진 이유다.

이러한 졸속 처리에는 남성 고위 공직자 및 국회의원들의 무관심과 경솔함이 한몫했다. 《경향신문》이 보도[1]를 통해 이 문제를 지적해, 청원 취지를 논의한 법사위 회의록[2]을 확인해봤다. 이때 n번방 이야기는 딱 한 번 나온다. 아예 무시하고 넘어간 수준이다.

> 김인겸 법원행정처 차장: "이것(딥페이크)도 소위 'n번방 사건'이라는, 저도 잘은 모르는데요."
> 백혜련 의원: "그런데 n번방 사건은 이것하고는 좀 다른 형태 아니에요?"
> 김인겸 법원행정처 차장: "다른 형태인데 하여튼 맥락은…."

심지어 이 자리에선 딥페이크에 대해서도 "자기만족을 위해 이런 영상을 가지고 나 혼자 즐기는 것까지 갈(처벌할) 것이냐"(정점식 의원), "청소년이나 자라나는 사람들은 자기 컴퓨터에서 그런 짓 자주 한다"(김오수 법무부 차관)는 식의 말이 나왔다. 반포할 목적이 없는 영상까지 처벌할 수 없다면서, 텔레그램에서 어떤 식으로 영상이 의뢰되고 퍼지는지 전혀 인지하지 못하고 과잉입법만을 우려한 것이다.

2019년 11월 《한겨레》 보도 이후 수많은 언론이 'n번방 사건'을 보도해왔고, 그동안 여성들은 직접 잠입 취재를 하고 피해자 지원 단체도 만들었다. 청와대 청원과 국회 청원도 성립시켰다. 그렇게까지 했는데 고작 나오는 반응이 "잘 모르는데요" 였다. 대부분 남성 주체들이 장악하고 운영하는 정부와 국회가 얼마나 여성 문제를 등한시해왔는지 증명한 일이 아닐까.

비단 정부와 국회뿐만이 아니다. 기성세대 남성들의 성폭력에 대한 태도는 '내 일'이 아니라서, '내 문제'가 아니라고 생각하는 데서 나오는 무관심에 가깝다. 이들은 직관적으로 파악하기 쉬운 명백하고 극심한 피해일 때만 분노하며 관심을 갖는 척한다. 하지만 매우 복잡한 상황과 관계 속에서 다양한 형태로 이뤄지는 성폭력에는 침묵하고 방조한다. 폭력의 실체가 무엇인지 파악하려 들지도 않는다. 그들은 그렇게 노력하지 않아도 되는, 젠더 권력을 가진 '남성'이기 때문이다.

그래서 수많은 직장이나 조직에서 여성들이 지속적으로 성폭력 피해를 입고, 반면 가해자들은 약한 처벌을 받고 빠져나가는 일이 반복되어 왔다. 그렇게 남성들 사이에서 자연스럽게 성폭력은 '할 수 있는' '해도 괜찮은' 행위가 되어갔다. 심지어 자신과 주변 남성들의 행동이 성폭력인지도 모르는 채로 성폭력을 일상화한 이들도 있다. 많은 남성은 성폭력이 대단한 악행인 줄 알고 있을 뿐, 실제로는 평범한 자신과 주변 사람들이 성폭력 발생 구조를 더욱 공고하게 유지시키는 가해자이거나 공범임을 망각하고 산다.

텔레그램에서 성착취를 즐기던 이들은 어느 날 갑자기 등장한 존재들이 아니다. 여성을 성적 대상화하는 분위기 속에서 성폭력을 저지르고 그것을 은폐했던 남성들, 성구매를 비롯해 성착취 행위를 매개로 우정을 쌓아온 남성들, 온라인에서 소라넷 등의 불법 사이트와 웹하드를 통해 불법촬영 영상을 보고 낄낄거리던 남성들…. n번방 가입자들은 그들의 후예다. 10, 20대 평범한 남성들은 이전 세대가 만들어놓은 인식적 기반을 활용했다. 여성의 성을 사고팔 수 있다고 믿고, 여성의 고통을 즐길 수 있도록 만든 토대는 전부 기존의 강간 문화에서 왔다.

대부분의 남성들은 표면적으로는 n번방 주동자 및 가입자 들에게 엄중한 처벌이 필요하다고 이야기한다. 하지만 적극적으로 청원 참여를 요청한다거나(일부 사이트에선 이것을 비웃기도 한다), 성찰적인 모습을 보이는 일은 드물다. 심지어 여성들로부터 '잠재적 가해자론'이 나올까 걱정하기도 한다. 그런 글을 보고 있으면 그들이 피해자의 고통에는 아무래도 관심이 없는 듯이 느껴진다. 실제로 잘 알지 못하는 일이기도 할 것이다. '내가 n번방 들어간 건 아니잖아'가 유일한 알리바이인 사람들이다. 사실 그들이 가해자로서 죄의식을 느끼는 것까지는 바라지도 않는다. 다만 사안의 심각함에 공감하고 n번방 사건에 대한 지지와 관심을 보이기를 바랐다. 그게 인간으로서 최소한의 도리니까.

그런데 남초 커뮤니티 등에서는 이번 사건이 주목받는 것을 두려워하는 분위기마저 느껴진다. 2020년 3월 20일 CBS 〈시사자키 정관용입니다〉에 나온 이수정 교수 인터뷰[3]를 공유하면서 '페미 광풍이 무서워 법개정을 하면 안 된다'거나, n번방 가입자 추정치인 26만 명을 두고 '근거가 없다'는 등의 말을 한다. 앞서 말했지만 이들은 결코 폭력의 실체를 파악하려 하지 않고, 지엽적이거나 부차적인 사안에 대해서만 떠들어댄다. 그래도 괜찮기 때문이다. 하지만 여성들은 하나도 괜찮지 않다.

여성의 성적 자기결정권을 박탈하고 피해를 호소하지 못하게 만들어, 욕망을 채우고 돈을 버는 남성. 이런 일은 n번방에서만 일어났던 것이 아니다. 남성들이 발전시켜온 성착취 구조가 변형해서 등장한 것이나 다름없다. 그래서 n번방 성착취는 n번방에 들어간 이들만의 문제가 될 수 없다. 남성들은 n번방 가입자들을 비난함으로써 면죄부를 받으려 해도, 혹은 'Not All Men'이라는 말로 비난을 피해가려고 해도 안 된다. n번방은 남성들이 만든 '지옥'이다. 그 사실에 참담함을 느끼면서 자신을 되돌아봐야 한다. 지금껏 성착취를 용인한 남성문화를 뒤집어버리지 못하면, 플랫폼만 바뀐 채 n번방 성착취와 유사한 사건이 또 일어날 수밖에 없기 때문이다.

그리고 제발 여성들 옆에서 함께 싸워주시라. 2021년에도 곳곳에서 '제2의 n번방'이 등장하면서 여성의 삶을 위협하고 있다. 반면 아동 성착취 영상 사이트 운영자 손정우가 고작 징역 1년 6개월 형을 받았을 정도로, 디지털 성폭력에 관한 솜방망이 처벌 기조는 쉽게 변하지 않고 있다.

침묵은 강자의 권리일 뿐이다. 남성들은 안락한 위치에 머물지 않고, 평가하지 않고 경청해야 하며, 자신의 허물을 깨닫고 달라지지 않으면 안 된다. 지금도 어디선가 비슷한 방식으로 반복되고 있는 디지털 성착취라는 거대한 지옥을 없애기 위해서는, 염치와 부끄러움을 아는 사람부터 되어야 한다.

여자들을 '리얼돌' 취급했던 한국 남자들

몇 년 전, 한 남초 커뮤니티에 '아내가 성관계를 거부해서 화가 난다'라는 내용의 글이 올라왔는데, 여기 달린 베스트 댓글을 보고 한 대 얻어맞은 느낌을 받았다.

"잘 때 침대에 묶고 하세요. 저 이 방법으로 여친에게 차임."

댓글을 단 이는 무슨 생각이었는지 모르겠지만, 이는 명백한 강간이다. 만약 실제로 저런 행동을 했다면, 차이는 게 끝이 아니라 감옥에 가도 이상하지 않다. 그런데 남초 사이트 회원들은 이런 댓글을 비난하기는커녕 베스트 댓글로 추천했다. 부부 강간에 대한 경각심이 얼마나 없으면, 저 걸 보고 추천을 누를 수 있을까.

최근의 리얼돌 논란에서 가장 의아했던 부분은 남성들이 리얼돌에 별 거부감을 느끼지 않는다는 점이었다. 그런데 앞의 상황을 겪고 보니 '잘 때 침대에 묶어놓고'라고 말하거나, 그 말에 웃는 사람들에겐 리얼돌이 별로 이상한 물건이 아닐지도 모른다는 생각이 들었다.

리얼돌을 옹호하는 사람들이 실제로 본인이 리얼돌을 사용하기 위해 "개인의 자유를 침해하지 마라" "리얼돌에게 질투하냐" 등의 댓글을 다는 것은 아닐 수도 있다. 리얼돌은 가격도 비싸고 보관 장소도 마땅치 않으며, 무엇보다 누구나 한번쯤 사용해본 물건으로 보기도 어렵다. 페미니스트들에 대한 반발심이 리얼돌을 옹호하게 된 1차적 원인일 수도 있다. 그러나 근본적으로 이들이 "리얼돌 쓰는 게 뭐 어떠냐"는 식으로 나설 수 있는 이유는 '리얼돌과의 섹스'를 떠올릴 때 현실과의 위화감을 느끼지 못했기 때문이 아닐까. 이름이 '리얼'돌인 만큼 리얼돌을 사용하는 것은 단순한 자위행위라고 할 수 없다. 이들은 외롭거나 심심해서 혹은 성욕을 풀기 위해 리얼돌과 섹스하고 쾌감을 얻는 행위를 충분히 '가능한 섹스의 형태'로 본 것이다.

섹스의 한국말인 '성관계'는 '관계'라는 말을 포함

한다. 단순히 성기의 삽입이나 사정이 중요한 행위가 아님을 뜻한다. 그런데 리얼돌을 옹호하는 이들은 왜 상대방이 눈 하나 깜빡이지 않는 섹스에서 만족감을 느낄 수 있다고 상상하는 걸까. 그것은 이전부터 주류 남성문화가 어떤 교감도 없는 섹스를 자연스럽게 여겨왔기 때문이다.

삽입에 이은 사정으로 섹스가 완성된다는 남성 중심적 성 인식은 섹스에서 상대방, 즉 여성을 배제시켰다. 상대방의 자유의사는 중요하지 않게 되고, 오히려 섹스에서 걸리적거리는 요소가 된다. 그러니 여성이 성적 자기결정권을 행사하지 못하도록 약물 강간을 모의하고, 돼지발정제를 사니 마니 한다. 이런 행위는 비단 흉악범들의 일이 아니라는 것을 우리 모두가 알고 있다. 어떤 남성들은 몸도 가누지 못하는 여성을 속칭 '골뱅이'라고 부르며 강간했고, 심지어 이를 영상으로 유포시키기까지 했다. 사람을 '리얼돌'처럼 만들려고 한 것이다. 그리고 약물까지는 아니더라도, 일부러 만취를 유도해서 섹스에 성공하겠다는 음담패설은 남자들 사이에서 흔히 도는 이야기 아닌가.

한국 남성의 50%가 경험했다는 성구매도 여성을 사실상 인형처럼 여긴다는 점에서 다르지 않다. 성구매자는 섹스를 하면서(사실 이것이 섹스인지조차 모르겠다) 쌍방의 합의나 세밀한 논의를 하지 않는다. 이 행위는 대개 일방적으로 이뤄진다. 성 구매에서는 구매자인 남성의 성적 만족을 가장 중요시하므로, 여성의 말이나 행동은 철저히 남성의 만족을 위해 맞춰지기 때문이다. 오죽했으면 청소년 시절 성매매를 경험한 한 여성이 〈한겨레21〉과의 인터뷰에서 성매매 당시 자신은 도구였다며 "나는 인형이다. 인형일 뿐이다. 나는 기계고, 이 시간이 지나면 다시 사람이 된다고 다짐을 했다"라고 말했을까.[4]

일상에서 자신의 여자친구나 아내를 '리얼돌'처럼 여기는 남성들도 있다. 그들은 여성이 섹스를 거부하면 폭력을 행사한다. 온라인 포털 사이트에 '성관계 거부'로 검색하면 셀 수 없이 많은 데이트폭력과 가정폭력 사건들이 나온다. 이 남성들은 자신과 동일한 인격을 가진 상대방을 원하는 게 아니다. 언제든지 삽입하고, 사정할 수 있는 인형을 원하는 것이나 다름없다.

여성이 인형처럼 행동하기를, 혹은 '순종적'이지 않으면 인형처럼 만들고 싶어 하는 남성들은 특이한 부류거나 '루저'들이 아니다. 고 장자연 씨 사건, 김학의 별장 성폭력 의혹, 버닝썬 사건 등이 잘 보여주지 않았나. 여성이 어떤 기분을 느끼든 상관없이 온몸을 만지고, 폭력을 통해 정복감을 느꼈던 이들은 사회 주류층이었다. '그렇게 해도 된다'고, '다 그렇게 한다'고 말한 남자들은 곳곳에 있다.

이런 문화 속에서 자라난 남성들이 '내가 사용하진 않지만, 개인의 성적 자유 아니냐'라며 리얼돌을 옹호하는 게 이상한 일일까. 실제 사람과 사람 사이에서 일어나는 성관계에서도 여성의 주체성을 무시해왔으니, 리얼돌과의 섹스를 사람과의 섹스와 비슷하다고 여길 수 있는 것이다.

그래서 더더욱 리얼돌을 단순한 인형으로 볼 수 없다. 여전히 남성들이 리얼돌 같은 여성상을 원하는 상황에서, 또 리얼돌이 완전히 남성의 성적 만족을 위해 종속된 여성을 형상화한다는 점에서 위험하다. 포르노도 남성 중심의 성적 판타지지만 그것을 통해서 남성들이 왜곡된 성관념을 배우고 현실에 그것을 적용하려 하듯, 리얼돌이 용인되는 사회에선 오로지 성적으로 대상화된 여성의 모습이 정당화될 수밖에 없을 것이다.

지금은 '평등한 섹스'에 대해 이야기할 때다. 섹스라는 행위를 서로의 몸을 알아가면서 교감하는, 하나의 '소통 방식'으로 재규정해나가야 한다. 더 이상 남성의 성욕과 남성의 성기가 섹스의 중심이 되어선 안 된다. '관계의 혁명'을 고민해야 할 시기에 대체 웬 리얼돌이란 말인가. 지금의 젊은 남성들이 부디 한 걸음 내디뎠으면 한다. 우리에게 필요한 것은 평등한 관계 맺기에 대한 고민이지, 남성 중심적 욕망이 형성화된 리얼돌을 지켜내는 일이 아니다.

아직도 남성의 '성욕 해소'가 걱정되신다면

n번방 성착취 관련 기사들을 살펴보면서 가장 화가 났던 것은《중앙일보》의 n번방 운영자 인터뷰 기사였다. 제목이 〈"전 사형이 마땅합니다"… 'n번방' 내부고발 대학생의 고백〉[5]이었는데, 내용은 전혀 그렇지가 않았다. 가해자로서 속죄하기 위해 '내부고발'을 하는 사람을 인터뷰했다면, n번방이 어떤 구조인지, 또 그곳의 실태가 어떤지를 전달하는 게 우선이다. 그의 개인적인 사정이나 주관적인 분석 등을 굳이 자세히 알릴 필요가 없다. 면죄부로 작용할 수도 있기 때문이다.

하지만 《중앙일보》는 그의 생각을 적나라하게 전했다. 이 가해자는 꽤 많은 언론 인터뷰에 응했는데, 아래에 인용한 내용처럼 'n번방 사건'이 음란물 웹사이트 차단 정책의 부작용이라고 입장을 밝힌 적은 처음이다. 둘 중 하나다. 타 매체에서도 그런 말을 했지만 지면에 언급되지 않았든가, 아니면 《중앙일보》에서만 자기 주장을 펼쳤든가. 어느 쪽이든 《중앙일보》는 이러한 주장을 그대로 옮겨서는 안 됐다.

김 씨는 "음란물 웹사이트 차단 정책이 n번방 사건이라는 부작용을 일으켰다"고 지적했다. 또한 "무작정 음란물 웹사이트를 차단하니 유통 시장이 음성화해 문제가 더욱 심각해졌다"고 말했다. 성매매에 대해서도 "단속할 거면 확실히 단속하거나 아니면 차라리 합법화해 제도권 안에서 철저히 관리하도록 해야 한다"고 밝혔다.

그의 주장은 비판적으로 언급되거나 반박당하지도 않았다. 아무리 가해자의 말이라고 해도, 이 주장에 공감하는 사람들은 《중앙일보》 지면에 이러한 내용이 실린 것에 힘을 얻는다. 아마 n번방 성착취 사건 이후에도 지속적으로 디지털 성착취에 대한 문제 제기는 이어질 테고, 성착취 영상 공유에 대한 단속 및 제재 등의 조치가 이뤄질 것이다. 그때마다 남성들은 '남성의 성욕을 억압한 것이 n번방이라는 성착취 구조로 이어졌다'는 식으로 '남성문화 책임론'을 탈피하면서 반발할 가능성이 크다. 그때 이 기사가 분명 다시 한번 언급될 것이라고 본다.

남성들의 그릇된 욕망을 당연시하는 사회

한국 남성들은 기본적으로 자신들의 '성욕'이 억압받는다는 느낌을 극도로 경계한다. 이러한 정서는 과거에는 공개적으로 '남자의 아랫도리 일은 불문율'이라는 말로 일컬어졌고, 2000년대 이후부터 남성들은 '성적 엄숙주의'를 깬다면서 섹스와 성욕에 대해 자유롭게 이야기하는 게 '쿨하다'는 분위기를 만들었다(이택광 교수는 '성해방'을 외쳤던 진보 남성의 성의식을 성해방과 사회해방을 동일시했던 '프로이트적 좌파 담론'이라고 일컬었다).[6] 그래서 언제부터인가 남성의 성욕은 매우 자연스럽고 긍정적이며 종종 '분출해줘야 하는 것'으로 여겨졌다. 소위 '야동 문화'는 지상파에서도 공공연히 등장할 정도로 보편화됐다.

동시에 남성들은 겉으로는 여성에게도 '성해방'을 허했다. 쿨하게 섹스하고, 성욕을 드러내면서, 포르노를 함께 보자는 식이었다. 하지만 여성들의 성해방은 젠더에 의

한 위계, 정조 관념, 수많은 성폭력 피해자가 존재하는 상황 속에서는 불가능한 이야기였다. 당시 남성들이 말했던 '성해방'은 지극히 남성들만을 위한, 남성들의 그릇된 욕망과 그로 인한 행동을 정당화하기 위한 명목일 뿐이었다는 것을 이젠 우리 모두가 알고 있다. 이런 분위기 속에서 남성들은 성인사이트에 대한 단속과 규제 등에 굉장히 민감하게 반응했고 '야동(여기서 야동은 포르노가 합법인 국가에서 만든 성인물과 불법촬영물 등의 전부를 통칭)을 못 보면 어디서 성욕을 푸느냐'고 이야기해왔다. 심지어 야동이 성범죄를 줄인다고 주장하는 이들도 많았다. 야동을 보며 성욕을 해소하는 것은 매우 일상적이고 공공연한 행위로 정착되어 갔다.

2006년, 웹하드에 일본 성인비디오를 1만 4000편 올려서 음란물 유포죄로 구속된 '김본좌'가 구속됐을 때 남성들의 반응은 지금 돌이켜보면 충격 그 자체다. 댓글로 그를 응원하고 팬카페까지 만든 사례가 있을 정도였다. 심지어 '본좌 가라사대 시리즈'를 만들어 개그 요소로 활용하기까지 했다. '김본좌'는 경찰 진술에서 "최근 2년간 최신작 음란물을 올려달라는 네티즌의 성화 때문에 하루도 제대로 쉬어본 적이 없다"고 떳떳하게 말했다고 한다.[7] 여성을 착취하고 종속시키는 내용이 전부인 포르노를 공유하는 사람을 '본좌'라고 떠받들던 문화가 있었으니, 지금까지 남초 커뮤니티에서 '야동' 못 보는 것을 세상 무너지는 일처럼 여기는 것도 당연하다.

반면 남성들은 '여성의 성욕'에 대해서는 단 한 번도 생각해본 적이 없다. 여성은 성욕이 없다거나, 성인이 되어서 뒤늦게 발달한다든가, 여성은 청각에 더 민감하다(?)라는 등 별다른 고민이나 관심 없이 넘겨왔다. 그런데 왜 남성들은 자신의 성욕을 중요하게 여기며, '야동'에 그토록 집착하는가?

2000년대, 여성들이 어떤 성적 욕망을 표출하거나 이에 대해 이야기하는 모습은 주로 '야오이やおい'라고 불렸던 BL Boy's Love물에서 찾을 수 있었다. 소프트한 팬픽부터, 포르노에 가까운 '하드 야오이'까지 다양한 층위의 콘텐츠들이 있었지만, 하드 야오이도 공공연하게 이야기됐던 게 사실이다. 하드 야오이를 포르노라고 본다면, 여성들은 자신들의 성적 욕망을 담아낼 수 있는 콘텐츠를 적어도 '가상'이라는 전제하에서 즐겼다고 할 수 있다. 일단 그 안에는 '나'로 대입할 수 있는 대상이 없을뿐더러, 야오이에는 만화나 소설, 잘해봐야 애니메이션이 전부이기 때문이다.

그러나 남성들은 다르다. 남성들의 '야동 문화'는 '이것은 픽션입니다'와 같은 경계 구분을 깨버렸다. 기본적으로 남성들은 p2p나 웹하드를 통해서 파일을 다운받거나,

성인 사이트를 통해 사진이나 영상을 본다. 이 구조에서는 합법과 불법, 동의와 비동의가 전혀 구분되지 않는다. 마구잡이로 클릭하고 다운받는 가운데 무엇을 보게 될지도 모른다. 특히 '국산(한국) 영상'이라고 공유되는 것들은 불법촬영되거나 당사자의 동의 없이 퍼진 영상이 대다수다.

아주 어린 나이부터 이와 같은 영상들을 보면서 '야동 문화'를 긍정하고, 지키려 하고, 불법촬영 영상까지도 성욕을 푸는 데 필수 요소라고 생각한다. 현실과 가상의 구분이 모호한 채로 소비되며, 남성들은 자신이 단순한 소비자가 아니라 직접 불법촬영 영상을 만들 수 있다는 것도 깨닫게 된다. 폭력에 대한 경각심이 있어야 할 곳에 '호기심'이나 '성욕'이라는, 사회적으로 공인된 명분이 자리 잡게 된다. 아주 자연스럽게 자신의 성관계나 타인의 몸을 찍는 불법 촬영을 '할 수 있는 일처럼' 느끼게 된 환경에서 남성들이 자라왔다.

혹자는 앞서 언급한 n번방 운영자처럼 이렇게 말한다. 포르노 합법화를 해야 오히려 불법촬영 영상이 줄어들고, 청소년에게 무분별하게 공급되는 영상들을 차단할 수 있으며, 성에 대한 왜곡된 인식을 성 담론의 양지화를(?) 통해 바꿀 수 있다고. 포르노가 합법적으로 제작된다고 했을 때, 과연 청소년들의 접근성이 떨어질 것인가, 당연히 아니다. 오히려 포르노 합법화는 전체적인 시장을 키우고, 다시 불법촬영물이 공공연히 공유될 수 있는 환경을 만들 가능성이 크다. 또한 일본의 경우를 비춰보면, 한국 역시 사실상 성착취 과정을 통해 여성들이 포르노 시장에 유입될 가능성을 배제할 수 없다. 보나 마나 남성의 시선에 부합하는 포르노가 양산될 텐데, '인식 개선'이 어떻게 되겠는가 말이다. 무엇보다 2000년대 초반 '포르노 합법화'를 주장했던 남성들이 어떤 세상을 만들었는지 지금 보고 있지 않은가.

'남성은 야동을 보며 성욕을 푼다'고 공공연히 말하던 세상은 이제 끝내야 한다. 남성의 성욕이 세상에서 가장 절실한 욕구인 양 여겨지고, 야동에 환장하는 남성들을 흐뭇하게 바라봤던 사회가 지금까지 어떤 남성들을 만들어냈는지 확인할 수 있다. 남성의 성욕은 여성의 성욕보다 절실하지도 않고, 중요하지도 않다. 마구 풀어내는 게 아니라 '관리'해야 한다. 여성의 성을 실제로 착취해서 만들거나, 혹은 그런 행태를 따라 한 영상을 보면서 성욕을 해소한다면, 나는 그러한 욕구는 아예 없어져야 한다고 생각한다. 엄밀히 말하자면 그것이 성욕인지도 모르겠다.

'의무'는 없다

"서른두 살, 10년 만에 한국 1%대 벌이로 올라왔는데 와이프 입장에서도 관계는 어느 정도 의무감으로 해줄 수 있는 거 아닐까요? ㅠㅠ 젠장."

유명 유튜버의 음주 먹방을 멍하니 보고 있는데, 채팅창에 올라오는 한 댓글에 눈이 번쩍 떠졌다. 각자 혼술을 마시면서 떠드는 콘셉트인지라 고민이나 하소연 등이 종종 올라오긴 했지만, 이런 내용이 올라온 것은 처음이었다. 다행히 유튜버도, 다른 사람들도 이렇다 할 답변을 하지 않았다.

'한국 1%대 벌이'든, 재벌이든, 대통령이든, 신이 온다고 하더라도 감히 의무감으로 섹스를 해달라고 말할 수 없다는 것은 당연한 사실이다. 남자는 아내와의 섹스를 통해 성적 욕구를 해소하고 싶었거나, '남성'으로서 인정받고 싶었을 것이다. 두 욕망이 섞였을 수도 있다. 하지만 그러든 말든, 여성은 어떤 상황에도 의무에 따라 성적 행위를 할 필요가 없다. "안 돼"는 "안 돼"라는 것, 섹스 중에도 거부 의사를 보이면 멈춰야 한다는 것은 상식이다. 하다못해 몇 번의 데이트나 호감의 표시를 '무조건적인 성관계 동의'라고 생각하는 사람을 동료 시민으로 받아들일 수 있을까?

애정을 기반으로 한 섹스와 스킨십에는 일반적으로 뚜렷한 계약관계가 성립되지 않는다. 그러므로 수많은 동의의 연속이다. 인간이 인간과 몸을 맞댄다는 것은 굉장히 복잡한 행위이므로, 내가 상대방에게 갖고 있는 신뢰와 애정, 상대방이 내게 보여주는 느낌이나 태도, 나의 감정, 컨디션, 촉감, 호불호 등이 복합적으로 작용한다.

그래서 자신이 원하는 특정한 스킨십이나 섹스가 상대방의 완강한 거부에 부딪히기도 한다. 일시적일 수도, 자주 반복될 수도 있고, 영원히 받아들여지지 않을 수도 있다. 그때 속상함이나 박탈감, 자괴감 등을 느낄 수도 있고, 어떤 사람에게는 큰 절망으로 다가올 수 있다. 하지만 명백한 한

가지는, 상대방에게 그 어떤 것도 강요할 수 없다는 사실이다. 많은 남성이 그 단순한 사실을 모르는 채로 살아왔다. 나도 예외가 아니었다.

2009년에서야 한국에서도 '부부 강간'이 인정됐다. 그전까지 결혼은 사실상 남성에게 여성의 소유권을 주는 제도나 다름없었다. 가정폭력의 가해자 중 80% 이상이 남성이다.[8] 섹스와 스킨십이 동의가 아니고 '의무'가 됐을 때, 누가 더 고통스러울지는 자명하다.

아마 혹자는 남성들도 '의무'를 갖는다고 항변할 것이다. 요즘의 기혼 남성들은 어쩔 수 없이 아내와 하는 섹스를 '의무방어전'이라고 지칭한다. 나무위키에는 "한 줄로 줄여 말하면 어느 한쪽은 하기 싫은데, 다른 한쪽이 원해서 하는 성관계"라고 적혀 있다. 어안이 벙벙해지는 설명이다. 이건 '강간'의 정의와도 거의 일치한다. 그런데 아무래도 어떤 남자들은 '하기 싫어도 하는 것'을 강간이라고 생각하지는 않는 모양이다. 버젓이 농담으로 삼으니 말이다.

> "유부남에게 섹스는 세금과 같은 것, 처음 결혼할 때 취득세 내고 정기적으로 보유세 고지서가 날아옴. 성실 납세에 실패하면 와이프가 산악회에 가입함."
>
> (온라인 커뮤니티 '에펨코리아' 댓글 중)

섹스가 '세금'처럼 싫어도 의무감에 해야 하는 것이며, 다른 남자들에게 빼앗길까 봐 불안함에 성관계에 나선다는 것이다. 저런 사고방식은 여성에게도 고스란히 적용되는데, 가부장제 사회에서 '남편이 한눈팔까 봐'라는 식의 강요된 성적 의무는 여성에게 압도적으로 더 큰 고통을 줬을 수밖에 없다.

한국 사회는 오랜 시간 아내니까, 여자친구니까, 호텔에 같이 따라갔으니 섹스의 의무를 지게 된다고 말해왔다. 남성들의 '하기 싫음'은 이렇게 쉽게 유머가 되는데, 여성들의 '하기 싫음'에는 너무나도 많은 비난이 따라붙었다. 때때로 강압과 폭력이 있었음은 물론이다.

어떤 관계에서 성적 욕망이 불일치하고, 각자가 좋아하고 원하는 게 다르다는 것을 모두 무시할 수 있는 말이 '의무'다. 그리고 그 말은 대체로 나를 '피해자화'하고 상대방에게 모든 책임을 미루는 식으로 쓰인다. 남성의 욕망은 가부장제 사회에서 필요 이상으로 '중요하고 중대한' 것처럼 여겨졌으니, 여성이 그 성욕을 해결할 의무가 있다는 이야기로 귀결되는 것은 필연이었다. 의무와 같은 편리한 논리가 남성들이 여성과의 관계에서 수백 번, 수천 번의 동의가 필요하다는 사실을 잊게 하고, 강간을 강간이라고 인식하지 못하는 끔찍한 인간으로 만드는 게 아닐까.

n번방 성착취가 젠더갈등 때문이라는 주장에 관해

"증오범죄라고 생각합니다. 이건 복수심이 아니고서는 설명할 수 없는 수위이기 때문입니다. 단지 여성에 대한 증오가 아니라, 넷상의 '젠더갈등'을 통해 여성을 대리 경험한 세대가 가지는 증오범죄라고 생각합니다. 지금 이걸 치유하지 못하면 앞으로 더욱 심화될 겁니다. 확신합니다. 그냥 사이좋게 지냅시다, 따위의 결론은 아무런 의미가 없습니다. 남녀갈등을 부추기는 남성의 말들과 여성의 말들을 지켜보며 피로를 느끼는 사람들이 많습니다."

(2020년 3월 25일 허지웅 씨 인스타그램 게시물 중 일부)

작가 허지웅 씨는 자신의 인스타그램에 n번방 사건이 '증오범죄'라고 말했다. 이 지적엔 두 가지 문제가 있다. 첫 번째, 기성세대 남성들을 n번방 사건의 책임에서 자유롭게 하면서 이 문제를 특정 세대의 남성 문제로 단순화해버린다. 그러나 n번상 사건은 소라넷, 불법촬영, 버닝썬 사건 등 한국 남성들이 만들어온 '강간 문화'의 한 유형이다. 갑자기 나타난 돌연변이가 아니라는 이야기다. 본질적으로 여성을 성적 도구화한 남성문화가 변화하지 않으면, 이러한 문제는 다른 형태로 반복될 수밖에 없다.

하지만 허지웅 씨는 이것을 '남성'이 아니라 '세대'의 문제로 만들어버린다. n번방이라는 새로운 플랫폼에서 사건이 일어났을 뿐, 남성들이 계속해서 성착취를 해왔다는 사실을 고려할 때, 이 지적은 명백히 잘못됐다.

더 문제적인 것은 '젠더갈등'이라는 말이다. 일단 젠더갈등이라는 말은 엄밀하게 따지자면 한국의 페미니즘 흐름을 받아들이지 못하는 남성들의 반발에서 비롯된 것이다. 젠더갈등이라는 말은 굉장히 중립적인 것처럼 보이지만, 실상은 백래시 현상이나 다름없다. 그렇다면 원인을 (최근의) 젠더갈등에 놓는다는 것은 결국 남성을 이해해주는분석이 되어버리고 만다. '남자들이 그럴만하다'라는 서사가 자연스럽게 만들어지는 것이다. 그렇다면 여기서 말하는 젠더갈등이 비교적 덜했던 그 시기에 불법촬영물을 보고 커뮤니티에서 낄낄대던 남자들도 '복수심'에서 그랬다는 이야기인가?

"치유하지 못하면 앞으로 더욱 심화될 겁니다. … 남녀갈등을 부추기는 남성의 말들과 여성의 말들을 지켜보며 피로를 느끼는 사람들이 많습니다"라는 말에서 나는 여성이 아님에도 모욕감을 느꼈다. 무엇을 치유하나? 젠더갈등을? 이것은 허지웅 씨가 그 아래에 쓴 "사이좋게 지냅시다" 따위의 말이나 다름없다. 젠더갈등의 주요한 해결책은, 남성들이 젠더 감수성을 키우고 성평등적 인식을 갖는 것이다.

지금 수많은 페미니스트들이, 그리고 또 일부 남성들이 이를 위해 노력하고 있다. "사이좋게 지냅시다"라고 말하는 이들이 이른바 '젠더갈등'을 키우고 있다. 약 26만 명이 텔레그램 n번방 단톡방에 들어간 것으로 추정되고 있다. 이런 가운데 '젠더갈등의 치유'가 성착취 문제의 해법이라고 말하는 것이 가당키나 한가? 치유라는 말은 오로지 피해자의 고통과 트라우마에 대해 언급할 때만 쓰여야 한다.

허지웅 씨는 n번방 사건을 '증오범죄'라고 앞서 지적했는데, 뒤에는 마치 '남녀갈등을 부추기는 남성의 말들과 여성의 말들'이 그 증오를 확대하는 것처럼 말한다. 현 n번방 사건에 여성들, 특히 페미니스트들의 책임도 있다는 의미로 해석하는 것은 글을 너무 곡해하는 것일까? 하지만 아무리 봐도 여성들을 탓하는 것처럼 느껴진다. n번방 성착취마저 마치 '과도한 페미니즘'이 문제의 원인인 양 언급하는 것에서, 메갈리아 이후 페미니즘에 대한 그의 왜곡된 인식이 엿보인다.

젠더갈등으로 인한 증오범죄라는 분석이 일단 틀렸고, 그러니까 졸지에 'n번방 사건'의 원인 중 하나를 '여성의 말들'에서 찾게 되는 일까지 벌어진 것이다. 허지웅 씨는 다른 글에선 "성착취 사건을 보고 큰 충격을 받았습니다. 괴롭고요. 이건 단지 성교육의 문제가 아니라, 한국 사회 인성교육의 총체적이고 종합적인 완전한 대실패입니다"라고 썼다. 그러므로 그가 가해자를 두둔하거나, 피해자를 비난하려고 해당 글을 썼다고 생각하지 않는다. 하지만 글의 의도와 별개로 그는 n번방 성착취를 지금까지 추적하고 공론화해 온 젊은 페미니스트들을 사실상 n번방 성착취를 일으킨 원인으로 지적한 셈이 됐다.

허지웅 씨의 지적은 'n번방 사건'에 우리 사회가 어떻게 대응해나갈 것인지에 대한 아무런 해법도 주지 못할 뿐더러, 오히려 n번방 성착취 문제의 핵심을 왜곡하면서,

남성들이 남성문화를 성찰하지 않아도 되는 레퍼런스를 제공했다. 적어도 성폭력·성착취 사건에 대해서만이라도 분노한 여성들의 목소리에 더 귀 기울여주면 안 되는 걸까?

남성들에게는 흥을 깰 용기가 필요하다

술자리에서 'n번방에 들어갔다'고 밝히는 모습이 영상에 찍힌 남성에 대한 수사가 진행된다고 한다.[9] 뒤늦게나마 다행스러운 일이다. n번방에 들어간 것이 사실이든 아니든, 그런 말을 하는 즉시 수사 대상이 된다는 걸 똑똑히 깨닫게 해야 한다. 사실 그 영상을 보면서 가장 놀랐던 부분은 n번방에 들어갔다고 말하는 남성의 자신만만함이 아닌, 영상 속 주변 친구들의 반응이었다.

"아는 사람 중에 한 명은 나올 줄 알았는데, 재인 줄 알았거든."

"(박수 치며) 괜찮아~ 괜찮아~ 괜찮아."

이들의 행태를 영상으로 남겨 고발한 여성은 "범죄자의 친구들은 약간 당황했지만 어떤 이유인지 모르게 받아주는 분위기"라고 자막을 달았다. 나는 범죄자로 추정되는 그 남성이 이렇듯 성범죄마저 옹호하는, 적어도 대놓고 욕하지는 않는 남성문화 속에서 키워졌다고 생각한다. 아마 주변 여성에 대한 성적 대상화, 성매매, 불법촬영물 시청, 갖가지 성범죄 등에 관해서도 이런 식으로 웃으며 이야기를 나누고, 또래 남성들 안에서 정당화했던 경험이 있을 것이다. 그러니까 n번방 이야기도 서슴없이 한 것이고, 여지없이 이 친구들은 '괜찮아'로 화답한 것일 테다.

만약 그러한 상황에서 단 한 명이라도 그에게 충고하는 친구가 있었다면, 친구들끼리의 술자리를 망치는 것을 아랑곳하지 않고 그렇게 살지 말라고 일갈했다면 어땠을까. 범죄자로 추정되는 남성과 그의 친구들이 저 지경까지 됐을까 싶다.

물론 여성의 성을 매개로 우정을 다지는 것은 꽤나 주류적인 남성문화이며, 이런 문화에 태클을 거는 행위는 남자들 간의 관계에서 외면당할 위험을 감수해야 한다. "너 혼자만 잘난 척하느냐" "선비질 하네"와 같은 반응부터 온갖 조롱을 감수해야 할 수도 있다. 그래서 많은 남성이 그저 함께 웃는다. 술자리나 단톡방에서 여성을 성적으로 대상화하거나 조롱하고 심지어 성범죄 사실까지 고백하지만, 누구 하나 말리지 않고 웃어주거나 호기심을 드러내기까지 하니 수위는 더 심해진다. 제동이 걸리지 않는 남성문화는 n번방 성착취 앞에서 '괜찮아'를 외치는 수준의 패거리가 수도 없이 탄생하는 현실로 귀결된다.

하지만 성범죄자들과 똑같은 수준의 사람이 되기 싫다면 침묵하거나 참지 않아야 한다. 무엇보다 요즘에는 '세상이 바뀌고 있다'는 명분이 있고, 여성혐오를 비판하는 목소리가 어느 때보다 큰 시기이다. 내 옆에 있는 남성이 '그런 말을 혹은 그런 짓을 하면 안 되는 이유'는 지금 한국 사회의 분위기가, 뉴스가, 온라인 댓글이 증명해준다. 최소한 "너 그러다가는 큰일 난다"는 말 정도는 할 수 있는 상황에서, 함께 웃어준다는 것은 함께 나락으로 떨어지기를 자초한 것이나 다름없다.

여전히 내가 후회하는 것이 하나 있다면, 20대 시절에 자신의 성매매 사실을 떠벌렸던 친구들에게 하지 말라고, 왜 하면 안 되는지 분명하게 이야기해주지 못한 것이다. 그때는 내 불편함을, 성매매가 잘못되었다는 것을 설명할 지식이나 논리도 없었지만 무엇보다 상대방을 불쾌하게 만들고 싶지 않았던 것 같다. 그들이 그 이후로도 계속 성매매를 했다면, 그때 분명하게 문제를 제기하지 못한 내 책임도 있을 것이다.

물론 최근엔 단톡방 성희롱 사건에서 남성이 내부고발자가 된다거나, 공동체의 성폭력 문제에 남성 구성원들이 적극적으로 목소리를 내는 경우도 있다. 그러나 여전히 남성이 다수인 집단에선 기성의 관습이 지배하는 경우가 많고, 여성을 도구로 생각하는 언행 또한 너무나 자연스럽게 이뤄지고 있다는 것을 잊어선 안 된다.

오거돈, 안희정, 박원순의 경우 역시 남성 중심의 조직문화에서 스스로를 통제하지 못한 남성이 어떤 인간이 되는지 보여주는 대표적인 사례라고 생각한다. 주변에서는 그들이 어떤 인물인지 충분히 파악하고 있었을 것이다. 그런데 누가 그들에게 제대로 조언 한번 해준 적이 있을까? 아랫사람은 물론, 주변에 있는 모든 이들이 그들의 행태를 '눈감아줬다'고 밖엔 볼 수가 없다. 다만 과거와 다른 점은, 이제 끝까지 눈감아주는 건 불가능하다는 것이다. 이 사회의 여성들이 성폭력 가해자들에 대해선 절대로 가만히 있지 않을 테니까.

언제든 어떤 자리에서든 호모소셜을 위해 여성의 성이 수단화된다면, 바로 흥을 깨는 '한 명'이 되어주시길 남성들에게 당부드린다. 편한 자리라면 강력하게 상대방을 비난해도 되지만, 그게 여의치 않다면 적어도 웃지 않고 표정을 구긴 채로 분위기라도 망쳐놓길 바란다. 옳은 길로 가고 싶다면, 내 주위 남성들이 엉망이 되어가는 꼴을 보고 싶지 않다면, 삶을 후회하지 않으려면 지금 정색하고 "하지마"라고 말해달라.

"나는 아니야", 20대 남자의 정서

'20대 남성의 반페미니즘'을 이야기할 때, 나는 두 가지 전제를 깔고 시작한다. 먼저 20대 남성이 '여성혐오 세대'가 아니라, 생애주기상 한국 사회에 만연한 여성혐오 정서를 가장 쉽게 받아들일 수 있는 취약한 상황에 있다는 것이다. 군입대와 취직을 앞두고 있으며, 사회 전반의 성차별이 어떠한 지경인지 경험하기 어려운 20대 남성들은 반페미니즘의 논리에 쉽게 유혹당한다. 이들은 자신들의 불안과 고통에 대해서도 페미니즘을 원인으로 지적한다. 사회경제적 불만을 구체적이고 분명하게 언어화할 사회적 자본이 없으니, '이게 다 페미니즘 때문입니다'로 자신들이 겪는 문제를 설명해버린다.

두 번째, 천관율 기자의 저서 《20대 남자》에서는 이 점을 분명히 하지 않았지만, 현 상황은 '백래시'다. 2015년 이후 10, 20대 여성의 페미니즘 수행은 온라인상으로 남성을, 정확히 말하면 남성문화를 비판하거나 조롱하는 방식으로 이뤄졌다. 그러나 많은 남성이 '잠재적 가해자'라는 말에 반발하듯 자신들을 향한 직접적인 비판을 바로 수용하지 못했고, 놀라거나 분노했다. 하지만 이들의 반발과는 별개로 페미니즘 의제는 사회의 주요 화두가 되었고, 그들이 극단적이라고 주장하던 페미니스트들의 목소리는 법이나 정책에 반영됐다. '남성(문화)을 비판하는' 페미니스트들의 목소리가 커지는 것을 보며 이들이 위협을 느꼈을지 모르는 일이다.

이렇듯 20대 남성의 강한 반페미니즘 정서와 공격성은 일차적으로 그들이 10, 20대 '영영페미니스트'들의 미러링이나 비판을 직접적으로 마주하는 연령이었다는 점에서 기인한다. 나아가 그들의 반발이 무색해진 페미니즘 확산에 대해 '페미니즘이 여성에게 유리한 권력 작용(《20대 남자》에서 인용)'을 일으킬 수 있다고 판단한 것이 그들의 위기감을 심화시키고 공격성을 키운 것으로 볼 수 있다.

20대 남성의 공격적인 반페미니즘에 우려를 표하는 분들이 많다. 한국여성정책연구원의 '변화하는 남성성과 성차별', 정책기획위원회의 '2030세대 젠더 및 사회의식조사 결과', 〈시사IN〉'20대 남자' 등 다수의 자료에서 20대 남성의 반페미니즘 성향은 매우 뚜렷한 것으로 나타났다. '반페미니즘'을 경유해 정치적 주체로서의 자격을 획득하려 하며, 페미니스트처럼 반페미니스트가 하나의 정체성으로 자리 잡은 경향도 찾아볼 수 있다. 당장 남초 커뮤니티에서 한 시간 내에 올라온 페미니즘 관련 글 몇 개만 가져와도 황당하고 착잡하기 이를 데 없을 것이다.

'남성 차별'이 존재한다고 믿으면서, '피해자 남성'으로 자신을 위치시키면서, 적극적으로 페미니스트들에게 테러에 가까운 공격을 가하는 것을 계속 목격하게 된다. '요즘 남자애들 어떡하냐'는 이야기가 나오는 것도 당연하다. 하지만 나는 여성혐오가 요즘 남자애들만의 문제가 아닐뿐더러, 20대 남성은 반페미니즘 정서가 가장 강하지만 역설적으로 젠더 감수성이 다른 세대 남성들보다 높다고 본다. 변화의 가능성은 분명 존재한다.

기성세대 남성들과는 다른 20대 남성

페미니즘과 관련한 20대 남성의 주된 정서는 '나는 아니야'다. 20대 반페미니스트들은 성차별로 인한 특혜를 누린 것은 윗세대뿐이고, 성폭력은 내가 속한 남성문화의 문제가 아니라 개인의 문제라고 여긴다. 이것은 실제 사회 구조나 통계와는 동떨어진 명백한 '착시 현상'이라서 계속 비판해온 지점이다. 그러나 한편으로 이러한 태도는 이들이 성차별과 성폭력이 얼마나 심각한 문제인지 다른 세대보다 잘 인지하고 있다는 것을 증명한다. 페미니즘을 반대하는 '억울한 지위'를 갖기 위해선 남성의 가해 행위를 적극적으로 부정하면서, 기존의 남성문화와도 거리를 둘 수밖에 없는 것이다.

조금 더 긍정적으로 해석하자면, 20대 남성들은 5, 6년간 페미니스트들과 불화하는 동시에 페미니스트들이 바꿔놓은 사회 분위기에 큰 영향을 받았다고 볼 수 있다. 무엇보다 그들이 만나는, 만나야 할 여성들은 대체로 페미니즘을 강력하게 지지하고 있다는 점도 무시할 수 없는 부분이다. 그들도 눈치를 봐야 하는 것이다.

이를테면 n번방 성착취 사건이 발생했을 때 남초 커뮤니티에 있던 대부분의 남성은 철저하게 자신과 가해자들

사이에 선을 그으려고 했다. 그것이 얼마나 심각한 범죄인지 잘 알고 있기 때문이다. 반면 중년 남성들은 "호기심에 들어온 사람"(황교안 미래통합당 대표)이라고 운운한다든가,[10] "나는 2번방"(허용석 미래통합당 후보)이라는 말을 유머랍시고 던지든가,[11] 미래한국당 공천과 n번방 성착취를 비교한 만평(《민중의소리》)을 그리는 등 사건 자체에 대한 경각심이 전혀 없어 보였다.

물론 소위 젊은 안티페미니스트라는 이들은 피해자다움이나 '꽃뱀' 서사라는 그릇된 남성문화를 공유하고 있다. "남성들이 반성해야 한다"는 말에 격분하여 성찰하지 않으려는 한계도 보인다. 하지만 적어도 성폭력을 '그럴 수 있는 일'처럼 여기거나 두둔하는 기성세대 남성들의 관습과는 온도차가 있다. 과거 남성들의 '여성혐오'와는 분명 구분되어야 할 지점이고, 이를 토대로 생각해볼 문제들이 많다.

〈한겨레21〉이 한국리서치에 의뢰해 20대 여성과 남성 800여 명에게 성평등 연애 규범에 관해 설문한 결과를 보면 20대 남성의 75%가 '나는 페미니즘을 지지하지 않는다'고 응답했다.[12] 그런데 모순적이게도 '스킨십이나 섹스를 하는 중에 언제든 파트너의 의사에 따라 행위를 중단하는 게 당연하다' 항목에는 20대 남성의 85.4%가 동의(매우 그렇다, 그렇다)했다. '섹스보다 피임이 더 중요하다' '성적 대상화나 여성혐오적 표현을 조심해야 한다' '맨스플레인을 하지 말아야 한다'는 항목에도 70% 이상의 남성이 동의한다는 결과가 나왔다. 페미니즘이 싫다고 말하지만, 정작 페미니즘적 가치를 수용하는 게 현재의 20대 남성인 것이다.

이러한 설문조사 결과는 20대 남성을 '유례없는 여혐집단'으로 몰아가는 분석만으로는 설명하기 어렵다. 20대 남성의 반페미니즘엔 기존 남성문화와 연결되는 지점과 단절되는 지점이 있다. 그런데 여기서 주목해야 할 것은 '단절되는 지점'에서 변화된 남성성이 만들어질 가능성과 안티페미니즘 양상의 고착화라는 우려가 동시에 나타난다는 점이다. 현재는 후자만이 너무 뚜렷하게 보이고 논의되는 상황이다. 가부장 문화에서 자유롭고 (앞서 인용한 여성정책연구원 조사에서 20대는 유일하게 비전통적 남성성으로 분류된 남성의 비율이 과도기적 남성성이나 전통적 남성성으로 분류된 남성의 비율을 앞질렀다) 페미니즘 리부트를 경험하고 일정 정도 성평등적 가치를 수용하면서 자란 이들이 지닌 '다른 점'은 무시되고 있다. 그럴 수밖에 없었던 것은 한국 사회가 이 문제에 대해서 깊이 고민하지 않아서이기 때문이다.

그동안 20대 남성의 반페미니즘에 대해 정치권과 언론 등은 무작정 현 정권이 20대 남성의 마음을 달래줘야 한다는 식으로 다뤄왔다. 국회의원들은 직접 20대 남성들을 초대해서 이야기를 듣는 간담회 자리를 마련하기도 했다. 2015년 페미니즘 리부트 이후 여성들의 수없는 외침에도 귀 기울이지 않던 국회가, 남성들의 불만을 해소하기 위해서 정성을 다하는 모습은 당황스럽기 짝이 없었다.

나아가 각 분야의 전문가라는 사람들조차 반페미니즘적 행태를 취업난에 시달려서 발생하는 불만 수준으로 단순화하기도 했다. 이 현상을 페미니즘에 대한 반발이나 남성성의 문제로 여겼던 게 아니라, '청년 세대 문제' 정도로 치부했던 것이다. 오로지 20대에게만 스포트라이트가 집중되면서, 이 문제가 여성혐오 현상을 해결하거나 남성성의 변화를 요구하는 방향으로 나아가지 못했다.

이 현상을 해결하는 것은 결코 쉽지 않다. 하루아침에 바뀔 일도 아닐뿐더러, 20대 남성만 특정하여 비난하거나 옹호한다면 상황은 더 악화될 수밖에 없다. 한국 사회 전반이 페미니즘을 수용하고, 여성혐오적 문화를 도태시키거나 퇴출시키는 과정의 하나로써 이 문제를 다뤄야 한다고 생각한다. 기존 남성문화와 단절된 지점에서 새로운 남성성이 모색되길 간절히 바라고 있다. 나 역시 이를 위해 말하고 쓰며 연대하고자 한다.

성매매 거부하는 20대 남성의 가능성

"○○○ 씨는 성매매 안 하기로 유명하잖아."

2020년 1월, 남자 연예인 두 명이 나눈 메시지가 해킹을 통해 공개돼 '성착취' 논란이 불거졌다. 두 연예인이 여성들을 품평하고, 성적 도구로 치부하는 듯한 내용이 고스란히 담겨 있었기 때문이다. 이들이 속해 있는 연예인 모임의 다른 회원들에게도 자연스럽게 의구심 가득한 시선이 쏠렸다.

그런데 유독 한 배우에 대해서는 "성매매 안 하기로

유명하다"는 글들이 올라왔다. 해당 배우의 행실이 실제로 어땠는지는 알 수 없지만, 세간의 평이 그렇다는 것이었다. 그러자 사실관계를 떠나 '성매매 안 하기로 유명하다는 게 대단한 일이냐'라고 반문하는 이들도 늘어났다. 인간으로서 당연한 행동을 하는 것을 치켜세우지 말라는 목소리였다. 심지어 "나도 밤마다 양치하는 걸로 유명" "밤길에 혼자 가는 사람 안 쫓아가기로 유명" 등의 패러디까지 등장하기도 했다.

이렇듯 과거에는 한 사람에 대한 칭찬으로 관습적으로 쓰였던 말이 현 시점에서는 우습게 여겨지는 현상은 사회의 '기준'이 변화했다는 것을 의미한다. 더 이상 '성매매하는 남자'나 '성매매하는 연예인'은 자연스럽게 사회에서 용인되는, 정상성을 확보한 존재로 일컬어지지 않는다. '성매매하지 않는 남자'가 이 사회의 '표준'이 되어가고 있다.

이와 같은 인식 변화는 2018년 9월 불거진 '유흥탐정 논란'에서도 잘 드러난다. 유흥탐정은 핸드폰 번호를 활용해 유흥업소 출입 기록을 검색해볼 수 있는 온라인 사이트다. 여성들은 이 사이트에서 자신의 애인이나 남편의 성매매 이력을 확인했다. '유흥탐정'이라는 사이트의 이름은 그 자체로 징후적이다. 성매매가 '드러나면 큰일 나는 일'이 됐기에, 역설적으로 전화번호 조회를 통한 (불법적인) 사이버 탐정 행위로 성매매 사실을 알려주는 게 수익 사업이 될 수 있는 것이다.

성매매에는 가장 부정적인 20대 남성

어렸을 때부터 성매매 특별법을 통해 성매매가 명백한 불법으로 인식되는 환경에서 자랐으며, 페미니즘 리부트의 영향을 강하게 받은 지금의 20대 남성들은 다른 세대보다 성매매에 부정적인 입장을 보이고 있다.

19~60세 남성 3000명을 대상으로 한 설문조사를 바탕으로 만든 한국여성정책연구원의 자료에 따르면 20대의 성매매 경험 비율은 6.9%에 불과했다. 반면 30대는 23.7%, 40대는 41.7%, 50대는 44.4%로 드러났다.[13] 다른 세대와 비교했을 때 20대가 압도적으로 성구매 문화에 동조하지 않는 경향이 드러난 것은 긍정적이다. 또한 여성가족부의 2016 성매매 실태조사에서 성매매를 한 남성 중 20~24세에 첫 성매매를 하는 비율이 53.8%로 나타난 점[14]을 고려한다면 더욱 고무적이다.

앞서 한국여성정책연구원의 자료를 다시 인용하면, '성매매 반대 캠페인'에 참여할 의향이 있느냐는 질문에 대한 긍정 답변 비율 역시 다른 세대와 비교해 20대가 가장 높았다(36.9%).[15] 흔히 '반페미니즘' 정서가 강하다고 일컬어지는 20대 남성이지만, 동시에 과거의 남성 중심적 문화에 대해서도 거부감을 느끼는 비율이 높다는 것을 주목해야 한다.

더불어 성매매의 온상이었던 직장 내 분위기도 많이 바뀌었다. 시대가 변했고 김영란법 이후로 접대가 실질적으로 불가능해진 탓이 크다. 회사에서 끼리끼리 성매매를 하는 집단이 있을지는 몰라도, 그것이 주류적인 문화는 아니라는 게 내 또래 30대 남성 직장인들의 중론이었다. 윗세대에는 여전히 성매매를 하거나 '여성을 끼고' 술을 먹는 문화가 있으나, 자신의 세대에 해당하지는 않는다는 것이다. 하물며 20대는 더더욱 성매매 문화에서 자유로울 가능성이 크다.

나와 인터뷰한 전직 공기업 사원 A는 지방에서 근무했는데 "여기서 25만 원 주면 예쁜 누나랑 놀 수 있다"라는 말을 듣거나, "부장급 한 사람이 여직원들을 먼저 집으로 보내고 남직원들과 함께 2차를 갔다고 들었다"라고 전했다. 하지만 성매매 권유를 받아본 적도 없고, 성매매하는 게 지배적인 분위기도 아니라고 했다. 특히 과거와 같은 접대는 감사 때문에 불가능하다고 밝혔다.

이렇듯 과거와는 다르게, 성매매를 안 하는 남자들이 조직 내에서 따돌림을 당한다거나, '비주류'로 취급되는 분위기는 아니다. 이제 성매매를 하지 않는 남성들도 충분한 지지기반을 얻을 수 있는 상황이 됐다.

페미니스트 목소리에 응답해야 할 20대 남성

그러나 상대적으로 성매매와 거리가 가장 먼 20대가 디지털 성착취 문화에 적극적으로 가담하고 있으며, 동시에 인터넷상에서 가장 강력한 안티페미니스트 집단이라는 점을 잊어선 안 된다. 온라인에서 새로운 형태의 성착취 구조가 유지된다면 '성구매자 감소'의 의미도 퇴색될 수밖에 없다. 단순히 '도덕적으로 잘못된 일'이기 때문에 성매매를 안 하는 '건전한' 남성성 모델을 만드는 데 그치는 게 아니라, 페미니즘을 수용하고 여성 인권에 대한 문제의식을 갖는 남성성 모델이 필요한 이유다.

수많은 여성이 성매매를 비롯한 성착취 구조를 부수고자 노력해왔고, 큰 성과를 거둬왔다. 그 사이에 성착취 구조를 만들고 유지해온 남성들은 무엇을 해왔는가? 여성 페미니스트들이 '판'을 만들어줬으니, 남성들도 이에 호응하지 않으면 안 된다. 적어도 '성매매 안 하는 남자들'이라면 여성혐오적인 남성 주류문화에 균열을 내고, 성착취 구조에 단호하게 선을 그을 수 있도록 주변을 설득하는 역할을 해야 하지 않을까.

3부

누구도 나는 아니라고
장담할 수 없다

선량한 가해자들

나조차도 믿지 않겠다

'잠재적 가해자'라는 말을 피하고 싶었다. 나만이라도 그 말에 속하지 않는 사람이 되고 싶었고, 주변 여성들에게 '쟤는 괜찮아'라는 신뢰를 얻고 싶었다. 나만은 '가해'의 예감과 먼 인물이기를, 그래서 지지하고 연대하는 일을 게을리하지 않겠다는 다짐을 수십 번 했다.

내 희망이 너무나 순진했다는 사실을 '김종철 성추행 사건'을 보고 깨달았다. 그를 마음속으로 지지하던 사람으로서의 부끄러움과 분노도 있었지만, 김종철 전 정의당 대표가 가해자라면 나 또한 가해자가 될 수 있겠다는 생각이 더 크게 다가왔다. 내가 그와 다르다고 주장할 수 있는 어떠한 증거도 없으니 말이다.

김 전 대표는 당내 페미니스트들의 지지를 받아왔고, '젠더 감수성'을 갖고 있다고 평가받아온 정치인이었다. 짧은 시간이었지만 나와 대화를 나눌 때도, 그는 '당위'가 아니라 구체성을 띠고 페미니즘 의제에 접근할 줄 아는 정치인이었다. 그런 그가 성폭력 가해자가 됐다. '위선적인' 한 개인의 문제로 보고, '그 사람만 문제고 우리는 괜찮습니다' 하고 넘어가면 되는 걸까? 혹은 말만 번지르르한 진보 남성이 문제라는 것이 사건의 본질일까? 아니다. 결국 '남성' 그 자체가 문제임을 지적하지 않으면 안 된다. 일정 수준의 학습으로도 개선이 불가능할 만큼 남성들이 '성폭력 가해자가 되어도 이상하지 않은 방식으로' 길러진다는 사실을 인정해야 한다.

남아선호사상, 남성 중심적으로 설계된 노동시장, 여성에 대한 일상화된 외모 품평, 공과 사를 무너트리는 성적 대상화, 채용 차별·임금 차별·승진 배제, 성매매, 불법 촬영, 여성을 주변화시키는 교묘하고 은근한 각종 차별과 폭력들…. '여성혐오' 사회에서 살아가는 남성은 무엇이 성폭력이고 성차별인지 눈치채지 못할 정도로, 여성에 대한 폭력과 차별은 남성 중심 사회에서 자연스러운 '공적 업무'에 가깝다. 미투 국면에서 그것이 비로소 '문제'라고 규정됐지만, 조직이나 자신과는 무관해야 하는 개인의 일탈 혹은 피해자와 가해자의 개인적 오해에서 불거진 일, 즉 '사적인 문제'로만 치부되고 있다.

그래서 남성들은 여성에게 동료 노동자나 시민이 아닌, 여성 위에 존재하는 남성으로서 행동할 수 있는 '틈'이 여전히 존재하고 있음을 실감한다. '내게 허용된 행위'이기에 감히 폭력임을 상상하지 못할 뿐이다. 그 틈은 지위 차, 나이 차 등에 따라 크고 작음이 있겠지만, 젠더의 차이만으로도 발생한다. 남성이 페미니즘을 배우고, 귀에 못이 박히도록 'No Means No'를 듣는다고 해도, 자신이 가해자가 될 수 있음을 인지하지 못하면 결국 그 틈을 아무렇지 않게 이용하게 될 것이다.

얼마 전까지만 해도 나는 성폭력 문제에 있어선 특별히 '586 남성' 카르텔을 부숴야 한다고 믿었다. '박원순 성폭력 사건'에서의 진보 남성 정치인들과 지식인들의 추태와 2차 가해를 보면서였다. 권력의 중추에 있고, 목소리가 큰 이들이 가해자임을 부정하고 집단적으로 억울한 피해자를 자처하는 현실은 여성 노동자의 인권을 너무나 크게 위협했다. 그러므로 '586 남성을 깨부수고, 새로운 남성성을 세워야 한다'는 주장은 원론적으론 맞다. 하지만 문제는 그

다음 세대는 얼마나 다를 것이냐는 점이다. 자신의 가해 가능성을 부정하는 한편, 여성에게는 일상인 성폭력을 '나와 상관없는 특별한 일'로 여기는 남성들이 다수를 차지하는 이상, 남성이 일생 동안 수행하는 '가해자되기'의 과정은 대물림되어 은폐되고 부정될 뿐이다. 근본적으로 아무런 변화를 꾀할 수 없게 되는 것이다.

성폭력 가해자의 98%가 남성이라는 명확한 통계[1] 앞에서, 문제의 원인을 대체 어디서 찾고 있는가. 남성들은 "성폭력을 저지르는 사람은 따로 정해져 있지 않다"라는 장혜영 의원의 말을 부정하지 않았으면 한다. 여성을 온전히 평등하게 대하지 못하며 살아온 남성들은 자연스레 '그렇게 가해자가 된다'. 당장은 가해자가 아니라도, 여성을 동료 시민으로서 존중하지 않는 '가해자되기'의 단계를 차근차근 밟고 있기 때문에, 언제든 가해자가 될 가능성이 존재한다.

가해자의 관상이나 느낌이 따로 있을 리가 없다. 분명한 것은 딱 하나, 남성이 여성보다 아주 월등히, 압도적으로 가해자가 될 가능성이 높다는 사실이다. 평생에 걸쳐 체득한 습속의 폐해는 부지불식간에 나타난다. 그 폐해가 나를 피해 갈 거라고, 권력을 얻지 않으면 괜찮을 거라고 어느 남성도 장담할 수 없다. 예외는 없다. 그런데 그 예외에서 어떻게 감히 '나'를 빼겠는가.

장 의원의 용기는 하나의 '분기점'을 만들었다. 자신이 겪은 일이 명백한 성폭력이며, 가해자가 벌을 받고 책임져야 하는 일임을 분명히 했다. 이것은 자기 자신뿐만 아니라 또래의 여성 노동자들에게도 중요한 '시그널'이 되리라 믿는다. 그렇다면 이제 남성들은 장 의원이 성폭력 피해를 밝히며 쓴 입장문을 통해 던진 질문[2]에 대답해야 한다. 이는 가해자인 김 전 대표뿐만이 아니라, 우리 사회에, 특히 남성 모두에게 던진 질문이기 때문이다.

> "그토록 그럴듯한 삶을 살아가는 수많은 남성들조차 왜 번번이 눈앞의 여성을 자신과 동등하게 존엄한 존재로 대하는 것에 이토록 처참히 실패하는가?"
> "성폭력을 저지르는 남성들은 대체 어떻게 해야 여성들이 자신과 동등하게 존중받아야 마땅한 존재라는 점을 학습할 수 있을 것인가?"

이 질문에 답하기 위해서는 단순히 내가 '잠재적 가해자'일 수 있다는 것을 선언하는 데서 그치면 안 된다. 그건 그냥 자기 속만 편한 일일 테니까. 아주 부단하고 끊임없이 나의 위치와 젠더에 대한 고민과 더불어, 성폭력을 명확하게 '남성 문제'로 인지하려는 노력이 수반되어야 한다. '그럴듯한 삶'을 산다고 자부하는 것도 금물이다. 구조적으로 '처참한 실패', 즉 내가 타인에게 폭력을 가하는 일이 예견되어 있다면, 어떻게든 막을 생각을 해야 한다. '좋은 남성' '좋은 사람'이고 싶은 이들이 다른 남성을 비난하는 것으로 자신의 책임을 다할 순 없는 법이다.

마지막으로 김 전 대표는 '눈앞의 여성을 자신과 동등하고 존엄한 존재로 대하는 것에 실패'한 원인을 스스로 되묻길 바란다. 그리고 변명 없이 실패 이유를 밝히길 바란다. 피해자에 대한 2차 가해 방지와, 피해자의 회복을 도우며 최소한 '다른 가해자'의 모습을 보여주는 것, 그것이 장 의원에게 그리고 자신을 지지해준 이들에게 올바르게 사죄하는 길이다. 우리는 김종철의 사례에서 깨닫고, 김종철을 반드시 넘어서야 한다.

'위력'을 보았다

'대통령 문재인'이라고 쓰여 있는 조화가 놓인 빈소에는 국무총리, 여당 대표와 차기 대권주자, 서울시장, 각 부처 장관 등의 릴레이 조문이 이어졌다. 18개의 상임위원장을 모두 차지한, 민주화 이후 단일정당 최대 의석을 차지한 거대 여당의 의원들 역시 너도나도 방명록에 이름을 올렸다. 아마 이렇게만 묘사하면 이름 꽤나 날렸던 원로 정치인의 본인상이나 '실세 정치인'의 부모상 정도로 생각할 것이다.

하지만 뉴스를 본 이들은 안다. 그곳은 위력 성폭력으로 3년 6개월의 징역을 선고받고 복역 중인 안희정 전 충남지사 어머니의 빈소였다. 성폭력 범죄자 친구를 둔 적이 있는가? 나는 없다. 만약 있다면 인연을 끊어버리고 싶을 것 같다. 그래서 조문을 가는 정치인들이 어떤 생각인지도 잘 모르겠다. 죄는 미워도 사람은 미워하지 말자는 건지, 정치적 의리가 성폭행 같은 중범죄마저 덮어버릴 수 있는 건지 추측하기 어렵다. 그들에게는 안 전 지사가 여전히 '챙겨줘야 하는 우리 식구'인 걸까?

민주당이 '조문 원칙'을 정하고 조용히 왔다 가기만 했어도, 과거 정치적 동지의 어머니를 향한 순수한 추모라고 이해할 수 있었을 것이다. 그런데 웬걸. 대통령, 국회의장, 여당 대표, 여당 원내대표 등이 모두 조화를 보내고, 몇몇 정치인들은 기자들 앞에서 안희정의 '말'을 전하고, 심지어 울먹이기까지 했다. 기자 앞에 선 정치인들은 대부분 안 전 지사를 안쓰러워 했다. '모친상을 당한 안희정'이 아니라, '교도소에 있는 안희정'에 대한 안쓰러움이었다.

'건재한 가해자'를 만드는 이들은 누구인가

뉴스에서 나는 '위력'을 보았다. 그래봤자 눈짓·헛기침 그리고 말줄임표("…")만으로 자신이 원하는 대로 할 수 있었던 그의 '위력'의 아주 일부였겠지만 말이다. 유력 차기 대권주자였던 안 전 지사는 모든 공직에서 쫓겨나고 성폭력 가해자로 징역형을 살고 있음에도, 모친상 자리에 대한민국의 권력자들을 모두 불러 모았다. 피해자의 자유의사를 제압하고, 피해자의 신고를 막았던 그 힘은 아직도 유효했다.

> "안희정을 24시간 수행하며 나는 수시로 경찰 고위 간부의 전화를 지사에게 연결해주었다. 국가 정보기관의 수장을 만나고 있는 지사를 수행하고 있었고, 대통령과 만찬을 하고 있는 지사를 청와대에서 기다리고 있었다. 지사에게는 일상인 그런 대화와 만남들을 바로 곁에서 지켜보며 그가 가진 권력을 항상 다시 실감했다. 나는 그와 싸울 수 없음을, 내가 겪은 것을 어느 곳에서 상의할 수조차 없음을 알았다. 내가 신고한다면 그 신고를 받게 될 사람들은 안희정과 관계를 갖고 있는 이의 부하 직원들일 것임을 알았다."[3]
>
> (김지은, 《김지은입니다》(2020, 봄알람))

떠들썩한 조문 행렬, 공식 직함으로 온 조화들, 안 전 지사에 대한 안쓰러움을 표하는 인터뷰 등 성폭력 가해자의 건재함을 입증해준 그들의 행동을 보고 피해자인 김지은 씨는《한국일보》인터뷰에서 "유죄 판결 뒤에도 변함없는 (가해자의) 위세와 권력의 카르텔 앞에서 두려움과 무기력함을 새삼 다시 느꼈다"라고 말했다.[4] 안 전 지사는 권력을 잃었지만, 그를 보러 오는 권력자들은 한 국가를 좌지우지하는 이들이다. 상황이 이런데 대체 피해자가 어떻게 스스로 일상으로 돌아갈 수 있다고 믿을 수 있단 말인가.

유독 안희정 성폭력 사건에 대한 2차 가해성 댓글이 많은 이유를 알 것 같다. 수많은 정치인이 안 전 지사에 대해 동정심까지 유발하는 사실상의 2차 가해를 하고 있는 상황에서, 국민 인식이 쉽게 바뀔 리가 없다. 권력의 최상층부에 있는 사람들이 여전히 성폭력을 성폭력이라고 생각하지 않는다.

이렇듯 남성 중심의 한국 정치가 위력 성폭력에 대해 어떤 문제의식도 못 느낀다는 것을 새삼 실감하게 된다. 아마 정치인들 개개인은 '인간적 도리'를 다한다고만 여길 것이다. 그런데 그 인간적 도리가 누군가에게는 어마어마한 사회적 위협이라는 것을 생각해본 적이 있는가?

가해자를 불쌍히 여기는 언론

언론 이야기도 빼놓을 수가 없다. 안 전 지사 어머니의 빈소를 취재하던 몇몇 언론들은 정치인들과 공범이다. 〈정치권 조문 행렬…안희정, 눈물 떨구며 "미안합니다"〉라는 제목의 기사[5]는 안 전 지사가 조문 온 정치인들에게 "미안하다"고 말했다는 사실을 전한다. 안 전 지사에 대한 동정 여론을 자극하는 보도다. 심지어 전재수 더불어민주당 의원이 '희정이 형'이라고 부른 것까지 전한다. 안 전 지사가 '피해자가 존재하는 범죄'를 저지른 사람이라는 것을 전혀 고려하지 않은 것이다.

〈안희정, 모친 빈소서 '눈물'… 이해찬·이낙연 등 與 조문 행렬〉[6]도 앞선 보도와 비슷하다. 수척해졌다, 여위었다 등의 정치인들 반응을 그대로 전했고, "대학 시절 은사인 최장집 고려대 명예교수를 만난 자리에서는 눈물도 쏟았다"는 말까지 전했다. 성폭력 가해자인 그는 기사 속에서 불쌍하고 안쓰러운 존재처럼 묘사되고 있었다.

적어도 눈치는 볼 줄 알았는데, 아니었다. 자신의 위력을 인지하지 못하고 '내 친구'라는 이유로 조문을 가서 함부로 '동정'의 말을 남기는 정치인들, 그걸 토대로 안 전 지사를 불쌍하게 묘사하는 언론사 기자들. 그들은 자신의 행동이 안희정 성폭력 사건의 피해자에게, 또 다른 성폭력 사건들의 피해자들에게, 피해자를 지원하는 이들에게 어떤 의미로 다가갔을지 상상이나 할 수 있을까.

박원순은 왜 자신이 만든 세상을 부정했나

처음 박원순 전 서울시장이 실종됐다는 소식을 들었을 때는 덜컥 마음이 내려앉았다. 얼마 지나지 않아 성폭력 고소를 당했다는 '지라시'까지 받았는데, 이 모든 것이 루머이길 빌었다. 살아 있기를 바랐다. '박원순'이라는 인물의 끝이 이래서는 안 된다는 생각과 함께, 죄가 있으면 살아서 죗값을 치렀으면 했다. 그는 책임지고 있는 것도, 책임져야 할 것도 많았다. 박 전 시장의 일생을 살펴볼 때 그의 선택은 납득하기 어렵다. 한국 여성운동 역사에서 그를 빼놓을 수가 없을뿐더러, 권력형 성폭력 문제에서 피해자의 곤란

함을 누구보다 잘 알고 있는 인물이기 때문이다.

그의 업적 중 하나는 '신 교수 성희롱 사건'의 변호인단으로서 성희롱의 법적 개념을 정립한 대법원 판결을 이끌어낸 것이다. 나아가 2002년엔 '우근민 제주도지사 성추행 사건 민간진상조사위원회'의 위원으로서 당시 우 지사의 성추행 혐의를 밝혀냈다. 그의 노력은 여성부가 우 지사의 행위를 '성희롱'으로 인정하고, 피해자가 우 지사로부터 1000만 원의 손해배상을 받게 하는 데 기여했다. 특히 진상조사위 결과를 발표하면서는 "정치적 의도를 가지고 사건을 조작했다고 보기 힘들다"[7]면서 정치권 일각의 음모론 등을 일축하고 피해자를 보호했다. 우 지사는 새정치국민회의, 즉 김대중 정부 당시 여당 소속이었다.

그 밖에 한국여성단체연합의 '20% 지방의회 여성참여' 후원회 운영위원, 여성민우회가 추진한 '직장 내 성희롱 소송'과 '여성우선해고 저지 소송운동'의 변호인단이었다. 일본군 위안부 문제 해결을 위한 여성국제전범법정에서 남북공동검사단의 남한 측 대표이기도 했다.

박 전 시장이 얼마나 여성운동에 적극적이었는지는 지승호 씨와의 인터뷰 대담집 《희망을 심다》에 잘 나타나 있다. 그는 신 교수 성희롱 사건으로 한국여성단체연합이 주관하는 제10회 여성운동상을 받았는데, "식구한테 상을 주는 법이 어디 있느냐? 이제 식구라고 생각하지 않는 거냐? 섭섭하다"는 수상 소감을 밝혔다고 한다.

> "제가 그 수상을 왜 반대했느냐면 내가 여성단체연합이나 여성의전화, 그런 곳과 온통 관계를 맺고 있었어요, 여성의전화는 처음부터 관여했고, 여성민우회의 여성평등본부의 공동대표였습니다. 그래서 '우리끼리 상 주고받으면 되겠느냐? 그것도 문제고, 내가 남이냐? 서운하다' 이렇게 못 받겠다고 일주일을 버텼더니, 같이 받으라고 해서 성희롱사건 변론단이 받은 겁니다. 저하고 이종걸 변호사하고 최은순 변호사, 이렇게 세 사람이 받았죠."
>
> (《희망을 심다》 중에서)[8]

진보 진영의 성폭력 사건에 대해서도 단호한 태도를 취했다. 무죄가 선고된 안희정 전 지사 성폭력 사건 1심에 대해선 "판사가 비판받을 지점이 있다"[9]고 말했으며, 특히 우근민 성추행 사건에서도 볼 수 있듯이 그는 성폭력 사건에 뒤따르는 '음모론'을 일축하는 인물이었다. 함께 일했던 장원 전 총선연대 대변인의 성추행 사실(2000년)에 대해서도 "파렴치한 범죄행위, 옹색한 변명"이라고 밝혔다.

"그가 18세의 여대생을 호텔에서 추행했다는 소식은 도무지 믿기지 않았다. 5·18기념식 전야에 광주에서 벌어진 이른바 386 정치인들의 추태가 알려진 직후라 그 충격은 더했다. 그것은 도덕적으로 용납될 수 없을 뿐 아니라 파렴치한 범죄행위였다. … 오죽하면 '음모론'이 머리를 들었을까. 믿고 싶지 않은 사실을 부인하고 싶은 속성이 반영되었을 것이다. 도대체 왜 그 여대생이 부산까지 갔으며 그 야심한 시간에 호텔로 들어갔느냐는 식의 의문도 꼬리를 물었다. 더구나 장원 씨 본인은 혐의사실 일부를 부인했다. 단지 술에 취해 팔베개를 했을 뿐이라는 장원 씨의 변명은 옹색했다."[10]

무책임한
그의 죽음

이처럼 수많은 페미니스트들과 박 전 시장이 함께 만들어간 '새로운 질서' 속에서 사회 곳곳의 성폭력들이 세상에 알려질 수 있었다. 이 때문에 그는 많은 걸 정확히 알고 있었을 것이다. 성폭력이 왜 일어나는지, 성폭력 피해자는 왜 고발을 하는지, 피해자는 가해자에게 무엇을 원하는지, 가해자는 무엇을 해야 하는지, 그리고 자신에게 닥친 사건이 어떻게 해결되어야 옳은 것인가에 관해.

그래서 그가 '피고소인'으로서의 책임을 다했으면 했다. 지금까지 성폭력 의혹을 받거나 심지어 처벌받는 남성들조차 사과 한마디 제대로 하지 않았다. 음모론과 2차 가해를 조장해왔고, 피해자의 회복은커녕 '역고소' 등으로 피해자를 궁지로 몰아넣었다. 여전히 이 사회는 가해자에게 '사과하라, 반성하라'는 요구를 넘어선 말을 하기가 어렵다. 그것마저도 가해자들이 제대로 하지 않기 때문이다.

박 전 시장이 잘못을 인정하고, 역으로 피해자(고소인)를 보호하거나 그의 회복을 위해 노력했다면 어땠을까. 너무 꿈같은 일일까? 우리 사회가 성폭력 문제의 해결에 있어서, 가해자의 반성과 사과와 처벌을 넘어서는 논의를 이어갈 수 있었을지도 모른다. 개인에게는 과오가 남겠지만, 성폭력 문제에 대한 논의는 한 단계 진전되었을 터, 당연히 피해자 역시 일상으로 돌아가서 안정된 생활을 할 수 있었을 것이다.

'박원순'이니까, 박원순은 일생 동안 '피해자를 지지하는 편'에 서 있었으니, 무엇보다 그 자신이 위력 성폭력을 고소·고발할 수 있는 사회를 원했을 것이니, 그가 자신의 책임을 다했다면 우리 사회가 '새로운 챕터'를 열 수도 있지 않았을까? 하지만 박 전 시장은 이미 세상을 떠났고, 피해자는 엄청난 2차 가해에 시달리고 있는 게 현실이다.

신상털이와 욕 댓글에 음모론까지. 지금 곳곳에서 일어나는 피해자를 향한 2차 가해는 입에 거론하기조차 어려울 정도로 심각하다. 일부 커뮤니티나 SNS 계정에서는 피해자가 박 전 시장을 '보냈다'라고 표현하며, 피해자를 사회적으로 매장하려고 한다. 명백한 퇴보가 우리 사회에서 벌어지고 있다.

수많은 성폭력 피해자들과 피해자와 연대하는 이들에겐 앞으로의 고소·고발을 두려워하고 걱정해야 하는 상황이 만들어졌다. 결과적으로 박 전 시장은 마지막 순간에 자신이 추구하던 가치를 부정한 셈이 됐다. 그는 이렇게 죽으면 안 됐다.

후레자식들의
세상

박 전 시장의 장례를 '서울특별시장(오일장)'으로 치르는 데 여성단체들이 반대하고 나섰고, 정의당 류호정 의원과 장혜영 의원도 그의 죽음을 애도하기 어렵다는 입장을 밝혔다. 그리고 이에 대해 많은 이들이 '고인에 대한 모욕'이라며 비난을 쏟아냈다.

심지어 이해찬 더불어민주당 전 당대표는 성폭력 의혹 자체를 언급하는 것을 불쾌해하며 기자에게 막말을 했다. 이 전 당대표는 박 전 시장 빈소 조문 후 기자들과 만난 자리에서 "고인에 대한 의혹이 불거졌는데 당 차원에서 대응할 계획은 없으신가"라는 질문이 나오자, "그건 예의가 아니다"라는 발언에 이어 "후레자식 같으니"라고 말한 것이다.[11]

그런데 수많은 젊은 여성들은 왜 그의 죽음을 온전히 추모하기 어려웠을까? 박 전 시장과 '한 식구'였던 한국여성의전화와 한국여성민우회는 왜 그의 장례를 '서울시장장'으로 치르는 것을 반대했을까? 박 전 시장이 자신의 행위에 대해 어떠한 책임도 지지 않은 상황에서 그를 추모하는 일은 박 전 시장의 가해 혐의를 지우는 방식으로 이뤄질 수밖에 없고, 결국 박 전 시장이 살아생전 말해온 '피해자 보호와 회복'과는 정반대의 효과를 낳게 되기 때문이다. 장례 과정을 가족이 아닌 '서울시'가 주관하는 행태는, 지자체가 추모 열기를 이끌었다는 점에서 더욱 문제가 있다. 실제로 박 전 시장을 추모하던 이들 중에는, '피해자가 (박 전 시장을) 죽였다'라며 2차 가해를 행하는 경우도 속출했다.

변호사 박원순, 시장 박원순이 그동안 남긴 모든 가치를 부정하는 행동을 하는 이들이 오히려 '고인을 모욕하지 말라'고 한다. 성폭력을 성폭력이라고 말하고, 피해자를 음모론에 가두지 않고, 피해자를 먼저 생각하는 사람들이 '후레자식'들이라면, 차라리 그가 추구했던 세상은 '후레자식들의 세상'에 가깝지 않을까.

피해자에게 얼굴 공개를 요구하는 속뜻

"꼭 이름에, 얼굴까지 드러내놓고 이야기해야만 했느냐고 묻는 사람들이 있었다. 미투 이후 나의 일상은 산산조각 났고, 파괴되었다. 지금도 정상적인 생활을 할 수 없다. 하지만 다른 선택지가 없었다.[12]

안희정 전 충남지사의 성폭력을 고발한 김지은 씨는 자신의 책《김지은입니다》에서 왜 얼굴과 이름을 드러낼 수밖에 없었는지 밝히고 있다. 그는 먼저 안 전 지사가 '거대 권력'이라서 자신을 드러내지 않고 수사를 요청하면 "사건이 덮이거나 내가 죽을 수도 있다"[13]고 생각했다. 또한 유명 정치인의 수행비서였기 때문에 얼굴을 가리고 성폭력을 고발했더라도 '숨겨질 수 없다'고 여겼다.

김지은 씨는 책에서 "블라인드 뒤에서 미투를 한다면 온갖 억측이 사건을 가리고 수사도 제대로 이뤄지지 않을 것이라고 생각했다"[14]며 "제발 사건에 집중해달라, 제발 제대로 수사해달라, 진행 과정을 지켜봐달라 애원하는 마음으로 나를 방송에 드러냈다"[15]고 말했다.

그는 후회하지 않았다. 안 전 지사의 성폭력으로부터 벗어났으며 또 다른 피해자를 막을 수 있어서 다행이라고 생각했다. 하지만 동시에 그의 일상은 사라졌다. 대법원 판결이 나올 때까지 재판에만 힘을 쏟았고, 직장에도 다닐 수 없었다. 미투 운동 관련 구호 중 '가해자는 감옥으로, 피해자는 일상으로'라는 말이 있다. 하지만 가해자가 감옥에 갔음에도 피해자는 이전의 일상으로 돌아가지 못하는 경우가 많고, 김지은 씨 역시 그랬다.

안 전 지사 측은 공개적으로 김지은 씨의 행실이 부적절했다고 비난했고, 그의 측근들은 인터넷상에 김지은 씨를 향한 욕설이나 비방 댓글을 달았다. 언론들은 안 전 지사 측 변호인의 주장을 실시간 속보로 보도하면서, 그 말이 마치 사실인 양 느껴지게 했다. 김지은 씨가 한 명의 노동자로서 사회생활을 하기에 어려운 상황을 만든 것이다.

왜 피해자가 얼굴을 공개해야 하는가

이처럼 '피해자'라는 이유만으로 감당해야 하는 비난이 큰 사회에서는, 얼굴을 드러내고 자신의 피해를 이야기하기 쉽지 않다. 김지은 씨 역시 '다른 선택지가 없다'는 판단에서 방송 출연을 결정한 것이 아닌가. 그러나 박원순 전 서울시장을 성추행 혐의로 고소한 피해자가 얼굴을 드러내지 않는 것에 대해, '떳떳하면 나와서 이야기하라'는 공격은 일각에서 계속되고 있다.

2020년 7월 21일 《뉴시스》는 '피해자가 2차 기자회견에 가지 않는다'는 내용의 보도[16]를 했다. 그러자 포털 사이트 '다음'에서는 2차 가해성 댓글이 쏟아졌다. 베스트 댓글을 살펴보면 욕설을 포함해 전부 피해자에 대한 의심과 비난으로 점철되어 있었다. 일부 댓글만 여기에 옮긴다.

> "안희정처럼 아예 나와서 밝히지. 찔끔찔끔 뭐야." (댓글 찬성 수 1302)
>
> "미투라며 장난해?" (댓글 찬성 수 2072)

"떳떳하면 나와라. 정말 성추행을 4년간 당했다면 누구나 그 상처를 위로해줄 것이다."(댓글 찬성 수 6107)

"모냐? 얼굴 감추는 미투가 있던가?"(댓글 찬성 수 2103)

"피해자분, 정정당당하게 나서서 억울한 거 있음 밝히세요. 대리인들한테 맞(맡)기지 마시고 나서서 밝히세요."(댓글 찬성 수 2644)

2018년, 서지현 검사가 JTBC 〈뉴스룸〉에 출연해 자신의 성폭력 피해를 세상에 알린 이후, 한국에서도 미투 운동이 가속화됐다. 이어서 김지은 씨, 유도 선수 신유용 씨 등도 자신의 얼굴과 이름을 공개하고 성폭력을 고발해서 주목을 받았다. 자신의 시를 통해 고은 시인의 과거 성추행 의혹을 제기한 최영미 시인도 있었다. 이렇다 보니 피해자가 신분을 밝히는 경우에만 '미투'인 것으로 오해하는 사람들도 있다. 그러나 정치인이나 연예인을 성폭력 가해자로 고발했던 상당수의 '미투'에서 피해자들은 자신의 신분을 노출하지 않았으며, 전 세계적인 미투 운동을 촉발한 영화제작자 하비 와인스틴의 성폭력 사건에서도 피해자들이 신분을 숨기거나, 재판 과정에 들어선 뒤에야 신분을 공개했다.

미투#MeToo는 '나도 고발한다'는 뜻이다. 미투 운동

과정에서 사회적으로 지위가 있거나 유명한 여성들이 공개적으로 성폭력 고발에 나섰고, 이로 인해 대중의 지지와 신뢰를 얻은 것도 사실이다. 하지만 미투 운동의 본질은 '고발'이며, 나아가 그 고발을 지지해주면서 함께하는 '연대#WithYou'다. 얼굴을 드러내지 않는다고 해서 미투가 아니라고 말하거나, '정정당당하게 나서라'라며 불신을 드러내는 것은 성폭력 사건을 바라보는 비뚤어진 인식에 불과하다.

'거대 권력'의 반격

피해자가 방송에 공개되는 방식이 일반적인 성폭력 고발 방식으로 굳어지면 안 된다는 우려의 목소리는 이전부터 있었다. 《미디어오늘》은 〈JTBC '미투' 보도, 그 명과 암〉이라는 기사에서 "피해자를 전면에 세우는 방식으로 이뤄지는 '미투' 고발만이 신뢰성을 확보할 수 있다는 생각을 굳힌다는 것이다. 이는 성폭력 고발 이후 2차 피해가 만연한 한국 사회에서, 고발을 하려는 피해자들을 위축시키는 결과를 가져올 수도 있다"라고 진단했다.[17]

그러나 미투 운동을 촉발시키면서 사회 곳곳의 성폭

력 문제를 공론화시킨 JTBC 보도에 현 상황의 책임을 모두 전가할 수는 없다. 그때부터 3년의 세월이 지났다. 여전히 2차 가해를 아무렇지 않게 저지르고 실명 미투만이 제대로 된 성폭력 고발이라고 생각하는 사회 분위기라면, 분명 변화가 필요하다.

박 전 시장이 생존해 있었다면 지금과 상황이 달랐을 가능성이 높다. 피해자를 향해 "나와라"라는 요구 역시 적었을 것이다. 양측이 법적인 절차를 밟아나가면 되는 일이기 때문이다. 하지만 한쪽 당사자가 존재하지 않는 지금은, 피해자에게만 계속 "직접 나와서 증거를 대봐라"라는 요구가 끊이지 않는 상황이다.

피해자는 분명 지금보다 훨씬 자신을 잘 보호할 수 있는 상황에서 수사나 재판 과정에 임하고 싶었겠지만, 박 전 시장의 사망은 그에게 더 큰 압박이 가해지는 상황을 만들었다. 사실 피해자는 그동안 변호인을 통해서 이미 자신의 입장을 분명하게 전달했다. 피해 증거는 수사기관에 전부 제출했다고 한다. 그럼에도 '내 성에 안 차서' 혹은 '믿을 수가 없어서' 피해자에게 직접 신분을 드러낸 상태에서 증거를 하나하나 공개하라는 것은 피해자에게 '피해를 검증받으라'고 덫을 놓는 행태나 다름없다.

일례로 박 전 시장이 '속옷만 입은 사진'을 메신저로

보내왔다는 피해자의 증언이 나오자, “박 전 시장에게 속옷(러닝셔츠)은 평상복이었다”는 반박과 조롱이 나왔다. 이처럼 피해 사실을 공개했을 경우 피해의 강도를 제멋대로 판단하는 이들도 많은 데다가, 피해자에게는 여전히 ‘피해자다움’과 ‘완전무결함’을 요구하는 게 현실이다. 상황이 이럴진대 피해자가 자신의 신분을 밝힌 채로 대중 앞에서 증거를 모두 보여줄 이유가 무엇이란 말인가? ‘박원순’이라는 인물의 특수성을 빼놓고 보자면, 한 여성이 4년 동안 위력 성폭력 피해를 입었다며 대선 후보로 일컬어지는 ‘거대 권력’을 상대로 고소한 사건이다. 거대 권력의 반격은 피해자의 평온을 위협하는 방식으로 벌어지고 있다.

> “저는 현재 저의 신상에 관한 불안과 위협 속에서 거주지를 옮겨 지내고 있습니다. 거주지를 옮겨도 멈추지 않는 2차 가해 속에서 다시는 정상적인 생활을 할 수 없을 것 같다는 절망감에 괴로워하며, 특히 그 진원지가 가까웠던 사람들이라는 사실에 뼈저리게 몸서리치며 열병을 앓기도 했습니다.”[18]

2020년 10월, ‘서울시장 위력 성폭력 사건 공동행동’ 출범 기자회견에서 대독된 피해자의 글 중 일부다. 이름과 얼굴을 온라인에 올리는 방식으로 2차 가해를 저지르는 이들 때문에 피해자는 사건 초기부터 지금까지 고통받고 있다. 심지어 2020년 12월 김민웅 경희대학교 미래문명원 교수는 자신의 페이스북에 피해자가 박 전 시장에게 쓴 편지를 올리면서 피해자의 실명을 노출시키기까지 했다(김 교수는 1, 2분, 피해자 측은 28분 동안 노출됐다고 주장).[19] 김 교수의 페이스북 팔로워는 1만 9000명이나 된다.

검찰, 법원, 인권위가 박 전 시장의 성폭력을 일부 사실로 인정한 지 오래다. 그럼에도 박 전 시장 지지자들 일부는 국가기관의 발표마저 부정하면서 피해자에 대한 공격을 이어가고 있다. '진정한 미투'가 아니라면서 말이다. 갑질이나 학교폭력 고발, 야당의 '성폭력' 의혹은 전부 사실로 믿으면서, 여당 정치인의 성폭력만 부정하는 이들이 '미투 판별사'로 나선 상황이다.

결국 기자들 앞에 선 피해자

결국 피해자는 직접 모습을 드러내고 말하게 됐다. 서울시장 선거를 앞둔 2021년 3월 17일, 피해자는 '서울시장 위력 성폭력 사건 피해자와 함께 말하기' 행사에 참석해서 입장문을 발표하고 기자들과의 질의응답 시간을 가졌다. 물론 얼굴과 음성이 대중에게 공개되지 않았고, 신상 정보 역시 알리지 않았다. 그럼에도 공개된 장소에서, 그것도 기자들 앞에 서는 일을 결정하기란 쉽지 않았을 것이다.

> "저는 자유의지를 가진 인격체로서 그리고 한 사건의 피해자로서 제 존엄의 회복을 위하여 더 늦기 전에 하고 싶은 말을 꼭 해야겠다는 마음을 갖게 되었습니다. 제가 일상으로 돌아갔을 때 저는 당당하고 싶습니다. 긴 시련의 시간을 잘 이겨내고 다시 제 자리를 찾았다고, 스스로를 다독여주고 싶습니다. 오늘 그를 위해 할 수 있는 모든 말들을 하고 싶습니다."[20]

기자들은 평소 기자회견장에서 참석자의 발언에 반응하지 않는다. 박수를 치거나 환호하는 일도 없다. 하지만 이날만은 예외였다. 피해자가 마지막 말을 마쳤을 때는 너나 할 것 없이 큰 박수를 보냈다. 이는 동료 시민으로서의 격려와 응원이었고, 동시에 공개된 장소에 자신을 드러내고 발언할 수밖에 없는 상황이 된 피해자에 대한 위로였다.

반면 피해자의 고통에 공감하지 못했던 이들은, '정치적 목적'을 갖고 선거에 영향을 미치기 위해 피해자가 나섰다고 난리다. 특히 "저는 저의 피해 사실을 왜곡하고 오히려 저를 상처 주었던 정당에서 시장이 선출되었을 때, 저의 자리로 돌아갈 수 없을 것이라는 두려움이 듭니다"[21]라는 부분을 언급하며 민주당을 떨어트리기 위한 전략이라고 말한다. 방송인 김어준 씨 역시 기자회견 다음 날 자신이 진행하는 TBS 라디오 〈김어준의 뉴스공장〉을 통해 "어제 메시지의 핵심은 결국 민주당 찍지 말라는 것 아닙니까. 그동안의 본인 이야기와 어제 행위는 전혀 다른 차원이 되는 거죠. 선거 기간의 적극적인 정치 행위"[22]라고 주장했다.

사실 나는 피해자가 위의 발언을 할 때 가장 주저한다는 인상을 받았다. 어떤 식으로 해석될지 너무나 자명하기 때문이다. 하지만 핵심은 '저의 자리로 돌아갈 수 없을 것이라는 두려움'이라는 부분이다. 오죽하면 이런 말이 나왔을지 먼저 생각하는 게 인지상정이다. 피해자는 입장문에서 "'사실의 인정'과 멀어지도록 만들었던 피해호소인 명칭과 사건 왜곡, 당헌 개정, 극심한 2차 가해를 묵인하는 상황들… 저라는 존재와 피해 사실을 인정하지 않는 듯 전임 시장의 업적에 대해 박수 치는 사람들의 행동에 무력감을 느낍니다. 이 사건을 정쟁의 도구로 이용하시며 사건의 의미를 퇴색시키는 발언에 상처를 받습니다"라고 말했다. 서울시장 보궐선거 과정에서 우상호·김진애 두 서울시장

예비후보의 2차 가해성 발언들을 비롯해, 고소 예정 사실을 유출해 피해자가 의원직 사퇴를 요구했던 민주당 남인순 의원이 버젓이 박영선 후보의 선거캠프에 있었던 상황에서 피해자가 민주당에 어떤 진정성과 변화를 느낄 수 있었을지 모르겠다.

피해자에게는 말할 기회가, 즉 압박할 수 있는 기회가 그때뿐이었다. 선거 국면이 아니면 민주당이 피해자의 말을 귀담아듣지 않기 때문이다. 이미 수차례 진심 어린 사과를 전하고, 2차 가해를 근절할 기회가 있었지만 민주당은 250여 일 동안 그 기회를 날려버렸다. 지금이라도 용서할 테니까, 용서하고 싶으니까 제발 제대로 된 사과를 하고, 사과에 걸맞은 진정성 있는 조치를 취해달라는 게 무슨 문제인가? 피해자는 다시 모습을 드러내고 말할 계획이 없다고 했다. 정말 마지막이라 생각하고, 일말의 기대를 갖고 나온 것이다.

얼굴과 신상을 공개하지 않으면 진정성이 없다고 하고, 어쩔 수 없이 절박한 마음으로 자신의 모습을 드러내고 말하니까 선거에 개입하려는 목적이 있다고 한다. 이는 성폭력 문제를 '진영 논리'로만 해석하는 이들의 억지에 불과하다. 피해자를 피해자로 인정하지 않는 목소리가 힘을 얻는 세상이 부끄럽고, 절망스럽다.

선량한 친구들

"박원순 같은 사람은 당장 100조 원이 있어도 복원할 수 없다고 생각한다."
"성적인 농담도 할 줄 모르던 그가 성폭력 가해자가 된 사실을 아직은 받아들이지 못합니다. 가해와 피해의 논쟁은 이제 멈추고 진실이 드러나기를 기다립시다."

(김동춘 성공회대학교 교수 페이스북 글)[23]

박원순 전 시장에 대한 추모 메시지 중 유독 기억에 남았던 건 김동춘 교수의 '100조 원' 발언이었다. 그 말은 어릴 적부터 '진보' '시민사회' 이런 말들에 친근감을 느끼고, 진보 명망가들의 말을 좇았던 나를 부끄럽게 만들었다. 김 교수는 자신의 동지이자 친구인 '박원순'의 거대함만 봤고, 피해자의 용기는 보지 못했다. 인간의 평등함을 이야기하던 사회학자인 그가 유독 박 전 시장의 가치가 남들과 '다르다'고 말하리라 상상이나 했을까.

김동춘 교수는 존경받는 학자였고, 성공회대학교 학생들 사이에서도 평판이 좋은 쪽에 속했다. 차라리 '그럴만한' 사람이었으면 실망도 없다. 숱한 성폭력 가해자들처럼, 2차 가해에 가까운 추모를 이어가는 이들 역시 '그럴만한' 사람들이 아니다. 존경하던 혹은 흠모하던 남성들이 페미니즘과 성폭력 사건에 대해 언급할 때마다 그들의 시대를 끝내야 한다는 것을 실감한다.

가부장제와 남성들만의 리그를 고정불변한 진리로 여기는 낡은 생각을 더는 받아들일 수가 없다. 여성을 평등하게 대우하지 못하는데, 과거에 대단한 글을 쓰고 위대한 연구를 했던 것이 무슨 의미가 있는가. 그렇게 하나씩 '남성 지식인'들을 떠나보내다 보니 배울만한 사람들은 사라져가고, 책장은 폐허가 되어간다.

어떤 추모는 폭력이 된다

NGO 단체에 있는 한 지인을 통해 연령대가 높은 리더급 활동가들 사이에서도 박 전 시장을 추모하는 분위기가 강하다는 이야기를 들은 적이 있다. 아마 박 전 시장과 함께 사회적으로 '좋은 일'을 해왔던 이들일 것이다. 그들은 독재와 군사정권에 맞섰고, 더러는 자본에 맞섰다. 사회 '진보'에 대한 신념을 갖고 약자와 소수자가 잘 사는 세상을 위해 오랜 시간 헌신했다. 그러던 이들이 박 전 시장의 죽음 앞에서는 '그래도 사람이 죽었는데'라는 말을 먼저 꺼낸다. 그들에게 박 전 시장이 존경할만한 동지였다는 걸 모르는 게 아니다. 하지만 현재 시점에서 피해자가 무수한 '2차 피해'를 입고 있는 걸 보면서 박 전 시장의 죽음을 온전히 추모하기란 쉽지 않다.

왜 '추모'조차 문제 삼는 거냐며 반문하는 이들도 있을 것이다. 문제는 '박원순의 친구들' 중 상당수가 일개 개인이 아니라는 데 있다. 시대가 변화하면서 박 전 시장처럼 그의 '친구들'도 기득권이 됐고, 명예나 권력을 얻었다. 그래서 그들의 공적 발언은 그 자체로 '권력 작용'이다.

무수히 많은 그 '친구들' 중에는 조희연 서울시교육감도 있다. 조 교육감 역시 '시민사회계의 간달프'라고 불릴 정도로 시민운동의 입지전적인 인물이었고, 그 경력을 바탕으로 재선 교육감이 됐다. 그가 개인적으로 '친구 박원순'을 떠나보내는 것을 뭐라 할 사람이 있겠는가. 하지만 그는 2020년 7월 13일《한겨레》칼럼을 통해 추모의 뜻을 표현했다.

> "그는 언제나 나를 부끄럽게 하는 인물이었다. … 나는 오랜 벗이자, 40년을 같이해온 동지로서, 형언할 수 없는 마음으로 모든 정념을 다해 내 친구를 애도한다."[24]

조 교육감은 글의 대부분을 그의 공을 기리는 데 할애했다. 물론 그는 "부디 이 절절한 애도가 피해호소인(피해자)에 대한 비난이나 2차 가해로 이어지지 않기를 바란다"라는 말을 덧붙였다. 순수한 추모로 읽어달라는 것이다. 하지만 서울시교육감이 한국에서 가장 명망 높은 진보지에, 성추행 의혹에 휩싸인 채로 사망한 서울시장에 대한 추모의 글을 남긴다는 것은, 의도와는 별개로 매우 '정치적인' 행위다.

무려 한 나라 수도의 교육을 책임지는 사람이 성폭력 가해 의혹을 받은 이를 공식적으로 애도한다는 것은 사회에 잘못된 신호를 준다. 박 전 시장을 '잃어서 아쉽다'는 정서가 더욱 공고해지고, 그가 죽음으로써 모든 걸 책임졌다고 여기게 만든다. 이는 결과적으로 피해자를 공격하는 데 참고할만한 하나의 '레퍼런스'가 된다. 조 교육감은 온 마음을 다해 박 전 시장을 추모하고 싶었을 테고, 그러면서도 피해자를 공격하고 싶지는 않았을 것이다. 하지만 그는 그저 '선량한 척'할 뿐이다. 자신이 어떤 위치에 있는지, 어떤 영향력을 미치는지도 모르고, 알고 싶어 하지도 않는 건 직무 유기다.

권력형 성폭력 고발을 막는 '선량한' 사람들

김동춘 교수와 조희연 교육감의 글은, 권력형 성폭력 고발이 얼마나 힘든지 증명해준다. 해당 집단에서 평판이 좋고 도덕적으로 높은 평가를 받는 사람들마저, 가해자로 지목된 자신의 친구나 동료의 처지를 먼저 생각하는 경우가 많다. 거기서 나아가면 안희정 성폭력 사건처럼 조직적인 2차 가해를 범하기도 한다. 자신의 지위를 유지시켜주던 '권력 자장'을 보존하고 싶기 때문이다.

"예를 들면, (가해자인) 당 대표는 당의 정점에 있는 사람이잖아요. 대표와 연결된 무수한 사람들 그리고 그들의 일상이 있어요. 대표의 잘못과 무관하게 그들도 함께 흔들리는 거죠. 그게 정말 힘들더라고요. 그들은 성폭력이 나쁘다고 생각은 하지만 자신의 일상과 세계가 영향받고 흔들리는 것 역시 싫은 거예요."[25]

장혜영 의원이《한국일보》인터뷰를 통해 '피해자'로서 겪는 고통을 털어놓는 부분에서, 나는 수많은 권력형 사건의 실체를 새삼 깨닫게 되었다. 안희정, 오거돈, 박원순에 의해 일상이 흔들린 사람들이 얼마나 많았겠는가. 권력자에 대한 성폭력 고발은, 권력자 본인뿐만 아니라 그 주변에서 몇 년 동안 함께 일해온 이들의 노력도 물거품으로 만들어버린다. 그러니 주변인들을 비롯해 권력자의 온갖 힘 있는 친구들과 동지들이 그 권력을 지키려고 애쓴다. 이 과정이 뻔히 예상되기에 고발을 망설이는 이들도 많을 것이다.

권수현 여성학 박사는 박 전 시장의 부인인 강난희 씨가 '박원순 추모사업회' 쪽에 보낸 편지를 지지자들이 공유하는 행태를 보고 "박 전 시장 개인의 보호가 아니라, 가해를 가능하게 했던 가해 권력을 복권하려는 의도"[26]라고 일컬었다. 즉, 강 씨의 "그럴 사람 아니다"라는 주장은 남편인 박 전 시장을 두둔하고 싶은 개인적인 심정이지만, 지지자들이나 주변 사람들은 이를 자신들이 속해 있던 박 전 시장의 '권력 자장'을 되살리기 위해 이용한다는 것이다.

성폭력 사건에서 가해자를 두둔하는 이들이 '악인'이라면 문제는 쉽다. 하지만 그들은 평범하거나, 심지어 다른 사건에선 도덕성을 강조하는 모습을 보이기도 한다. 특히 진보 진영에서 일어나는 성폭력의 경우는 더더욱 그렇다. 그들은 '피해자를 위로한다'라거나 '피해자를 비난하지 말아달라'라는 식으로 선량함을 가장하지만, 실상은 자신들이 가진 권력으로 피해자를 압박하는 경우가 대부분이다.

'피해자다움'과 '가해자다움'이 없는 것처럼, '2차 가해자다움'도 없다. 너무나 고매하고 도덕적인 사람도, 유독 성폭력 문제에선 가해자를 두둔하고 피해자를 탓한다. 특히 남성 정치인과 지식인들에게 성폭력은 '옳고 그름'의 문제가 아니라, 그들이 수십 년간 일궈온 세계를 파괴하는 것이기 때문에 객관적인 자세를 유지하기가 어려울 수도 있다.

하지만 '세상을 바꿨다'는 자부심으로 충만했던 '그들만의 세계'가 여성을 착취하거나 도구로 삼으면서 이룬 결과라면, 기꺼이 파괴되는 것이 맞지 않겠나. 성폭력을 가능하게 만든 '남성 권력'에 대한 어떠한 성찰도 하지 않고,

그저 자신의 권력을 뺏길까봐 두려워하기만 하는 이들에겐 더 이상 이전과 같은 영광은 없다. 변화한 세상이 그렇게 내버려두지 않을 것이다.

‘좋아요’가 칼이 될 때

자신을 성폭행한 언론사 간부를 공개적으로 고발해 ‘일본 미투 운동’의 상징이 된 이토 시오리 씨가 2020년 8월, 2차 가해성 트윗에 ‘좋아요’를 누른 현직 자민당 소속 중의원인 스기타 미오 씨에게 손해배상 소송을 청구했다. 이전에 극우 성향의 만화가 하스미 토시코 등 세 명의 ‘SNS상의 2차 가해’에 대해 소송을 제기한 적이 있지만 ‘좋아요’에 대해서 소송을 건 것은 처음이었다.

이토 씨는 자신의 책 《블랙박스》를 통해 자신을 향한 2차 가해가 극심했음을 고발한 바 있다. 그는 《한겨레》와의 인터뷰를 통해 "죽어야 하나 생각도 했다"면서, 지독한 2차 가해로 큰 고통을 겪으면서도 '나쁜 선례'를 남기고 싶지 않아서 버텼다고 밝혔다.[27] 일본 사회는 그를 성폭력 피해자가 아닌 가십거리로 소비하기에 급급했고, 이토 씨는 이러한 분위기에 저항해 나갔다.

일본의 《변호사닷컴 뉴스》[28] 《허프포스트재팬》[29] 등에 따르면 스기타 씨는 이토 씨의 성폭력 고발을 다룬 다큐멘터리인 BBC의 〈Japan's Secret Shame〉이라는 프로그램에 출연해 "그는 분명히 여자로서 잘못이 있다" "거짓 주장을 했다" 등의 발언을 했다. 심지어 방송이 나간 직후인 2018년 6월 29일에 그는 이토 씨를 조롱하고 비난하는 내용의 글을 트위터에 올렸고, 이에 동조하는 답변을 단 트윗 다섯 개에 '좋아요'를 눌렀다.

또한 그해 7월에는 스기타 씨가 자신의 블로그 글을 트위터에 공유하면서 논쟁이 일어났는데, 그때 몇몇 유저들이 스기타 씨를 비판하는 이들에게 "이토 씨의 행동이 부른 결과" "(이토 씨는) 비겁자" 등의 2차 가해성 내용으로 답글을 달았고, 스기타 씨는 그중 여덟 개의 트윗에 '좋아요'를 눌렀다. 이 밖에도 한 트위터 유저가 스기타 씨가 쓴 글을 비판했는데, 스기타 씨는 이 유저를 공격한 트윗 12개에도 '좋아요'를 눌러 2차 가해 댓글에 힘을 실어줬다.

이토 씨 측은 "'좋아요'는 타인의 트윗에 대한 호의적인 기분을 나타내기 위해 이용되는 것"이라며 "국회의원으로 11만 명의 팔로워를 갖고, 언론에 영향력을 미치는 스기타 씨가 자신을 비방하는 코멘트에 반복해서 '좋아요'를 누른 것은 사회 통념상 한도를 넘은 명예훼손에 해당한다"라고 밝혔다. 또한 "블로그의 내용을 비판하는 유저를 공격하는 트윗에 '좋아요'를 누른 것은 공격하는 이들을 칭찬하는 것처럼 비친다"라고 주장했다.

'좋아요'를 누른 것이 명예훼손에 해당하느냐에 대해서는 일본에서도 판례가 없다. 일본의 SNS '믹시'에서 명예훼손성 글에 '좋아요'를 누른 것에 대해서는 일본 도쿄 지방법원이 '불법행위 책임이 없다'라고 판결을 내렸다. 그런데 스기타 씨의 경우 현직 국회의원이라는 점, 그리고 트위터의 '좋아요' 표현은 'OO님이 마음에 들어 함'이라는 식으로 팔로워들의 타임라인에 노출되기도 하며, '마음에 들어요' 메뉴에 저장된다는 점에서 상황이 다르다.

일본의 평론가 오기우에 치키 팀은 연구를 통해 이토 시오리 씨에 관한 글 70만 개를 수집했고, 그중 무려 3만 개가량이 명예훼손 대상이라고 밝혔다. 이에 대한 결과를 바탕으로 2020년 6월 만화가 하스미 토시코 씨 등에게 소송을 제기한 이토 씨는, 《비지니스인사이더재팬》과의 인터뷰에서 이와 같이 말했다.

> "공유하거나 '좋아요'를 누르는 것도 비방에 가담한 것이 된다. 그에 대한 책임이 있다는 것을 보여주고 싶다."[30]

2차 가해 글에 좋아요 눌렀던 유명인들

한국의 경우 트위터상의 리트윗(공유)은 형사상으로도 명예훼손에 해당한다는 판례가 있다. 그러나 '좋아요'는 전파의 목적이 없으므로 무죄를 받거나 기소조차 안 될 가능성이 높다. 하지만 민사상으로는 불법행위에 해당되어 손해배상 책임이 발생할 가능성이 있지 않을까? 영향력 있는 공인이고, 2차 가해 발언에 적극적으로 '좋아요'를 눌렀던 스기타 씨와 비슷하거나 더 심한 경우라면 '좋아요'도 분명 문제가 될 수 있다.

'안희정 성폭력 사건'과 '박원순 성폭력 사건'이 한창 SNS상에서 이야기될 당시 충격받은 것 중 하나는, 사람들이 아무렇지 않게 2차 가해 글에 '좋아요'를 누른다는 점이었다. 너무나 명백하게 피해자를 의심하거나 음모론을 펼치는 글에 '좋아요'를 누르는 페이스북 친구들 혹은 유명인들을 보면서, 그들이 '좋아요'를 너무 우습게 생각한다고 느꼈다.

2차 가해 글에 '좋아요'를 누르는 페이스북 친구들 중 다수가 직접 다른 이에게 해당 내용을 공유한 것은 아니다. 적극적으로 그러한 글을 지지할 의사는 없어 보였다. 하지만 꾸준히 2차 가해 글에 '좋아요'를 눌렀다. 역시나 싶은 사람도 있었지만, 의외라고 느껴지는 이들도 많았다. 혹자는 '좋아요'가 항상 메시지를 지지한다는 의미는 아니라고, 단순히 '봤다'는 의미로도 누른다고 하지만, 나는 '봤다'고 해서 '좋아요'를 누르지는 말아주시길 당부하고 싶다. 피해자를 공격하거나 의심하는 글에 대해선 특히.

'좋아요' 수는 페이스북 등의 SNS에선 '힘'으로 작용한다. 이 글이 얼마나 많은 사람의 지지를 받고 있는지 보여주는 지표이다. '좋아요'가 많으면 많을수록 글쓴이는 자신에게 동조하는 이들이 많다는 확신을 갖고, 그의 동조자들도 마찬가지 생각을 한다. 결과적으로 2차 가해에 대한 '좋아요'는 (페이스북의 '화나요'나 '웃겨요' 등이 아니라면) 2차 가해를 격려하고 응원해주는 꼴이 된다는 이야기다. 관성처럼, 혹은 내가 평소 좋아하는 필자라고 해서 대충 읽어보고 '좋아요'를 누르면 안 되는 이유다.

나아가 자신이 공인이거나 혹은 어느 집단에서 높은

지위를 가지고 있는 사람이라면 '좋아요'에 더더욱 신중해야 한다고 생각한다. 그런 이들의 '좋아요'는 더 큰 힘을 갖고 있을뿐더러, 주변 사람들로 하여금 눈치를 보게 만든다. 이를테면 어떤 교수가 허구한 날 2차 가해 글에 '좋아요'를 누른다면, 그가 재직하는 학과에서 성폭력 문제에 관한 논의가 충분히 이뤄질 수 있을까? 단체장이 2차 가해에 동조하고 있다는 느낌을 주는 상황에서, 피해자가 조직 내 성폭력을 고발할 용기를 낼 수 있을까?

나의 경우 기사를 작성한 뒤 종종 억울하게 비난받았던 경험이 있다. 그런데 그 비난 글이 별 반응을 얻지 못하면 대수롭지 않게 생각하고 넘어가는데, 한번은 나에 대한 비난 글이 엄청나게 리트윗되어서 그야말로 '멘붕'에 빠진 적이 있었다. 그리고 비난 글을 쓴 사람보다 오히려 그 글에 리트윗으로 사실상 동의를 표시한 이들에게 물어보고 싶었다. 대체 왜 그랬냐고, 기사를 제대로 읽어보긴 했냐고 말이다.

하물며 2차 가해 글을 수백 수천 개씩 접하는 피해자의 억울함과 분통을 나는 상상하기조차 어렵다. 누군가에게는 그냥 클릭 한 번일 수 있다. 하지만 그게 쌓이고 쌓여서 만들어진 수백 수천 개의 '좋아요'는 피해자가 느끼는 절망감의 크기와 비례한다.

일본 '야후'에서 검색한 이토 씨 관련 기사에는, '좋아요'마저 마음대로 못 누르냐며 표현의 자유를 억압하지 말라는 내용의 댓글들이 달려 있었다. 그런데 누군가의 명예를 짓밟는데 힘을 실을 수 있다면, '좋아요'라는 표현이 자유라는 명목하에 무제한으로 허용될 리 없지 않나. 이토 씨의 소송은 '좋아요'가 더 이상 책임을 피할 수 있는 소극적인 표현으로 여겨질 수 없다는 사실을 증명했다는 점에서 의미가 크다.

다시 한번 "공유하거나 '좋아요'를 누르는 것도 비방에 가담한 것이 된다"라는 이토 시오리 씨의 말을 마음속에 새겨야 할 때다. 당신의 '좋아요'가 피해자에게는 '칼'이 될 수도 있다.

MBC가 남성만을 위한 방송이었습니까

“박원순 전 서울시장이 극단적 선택을 한 뒤 성추행 문제를 제기한 당사자의 호칭을 두고 논란이 일었다. 한쪽에서는 사건의 진상이 드러나지 않았는데 피해자란 단어를 쓰면 성추행을 기정사실화하게 된다며 피해호소인 또는 피해고소인으로 칭했다.
반대쪽에서는 기존 관행과 달리 피해호소인이라 쓰는 것 자체가 성범죄 사건에서의 피해자 중심주의에 반하고, 2차 피해를 조장한다고 주장했다.
당신은 피해호소인 또는 피해고소인과 피해자 중 어떤 단어가 적절하다고 생각하는가. 그 이유를 논술하라(제3의 적절한 호칭이 있다면 논리적 근거와 함께 제시해도 무방함)."

위의 논제는 놀랍게도 2020년 MBC 신입사원 공채(기자 직군) 시험 내용이다.[31]

가습기 살균제 피해호소인, 산업재해 피해호소인, 직장 갑질 피해호소인, '일본군 위안부' 피해호소인이라고 부르지 않는다. 피해가 있다고 법적으로 결정을 내렸든 내리지 않았든, 보상을 받았든 받지 않았든, 이들은 '피해자'라고 불린다. 그런데 갑자기 MBC는 '박원순 성폭력 사건'에서만 피해자 호칭을 '논란'으로 만들고, 네가 어떻게 이 문제를 논리적으로 서술하는지 평가해보겠다고 한다.

피해호소인라는 말 자체가 '2차 가해적'인 단어는 아니다. 진보 공동체 내부에서 성폭력 사건을 해결할 때 사용하던 말이다. 하지만 사건에 대한 형사적 절차를 진행하는 경우까지 갔을 때는 굳이 사용할 필요가 없는 호칭이기도 하다. 무엇보다 '박원순 사건'에서의 '피해호소인'은, 피해자를 피해자라고 부르는 것에 부담을 느낀 민주당 일각의 정치적 의도가 반영됐다는 점에서 문제적이었다. 훗날 민주당이 피해호소인이라는 표현을 쓴 것에 대해 사과했음에도, MBC는 이 주제를 또다시 끌고 나온 것이다.

누군가의 피해자성이 논의의 대상이 될 수 있다고 여길 정도로, 이 사건이 '애매한 문제'라는 생각을 내부에서 공유하고 있었다는 것은 아닐까? '높으신' 분들이 피해자의 주장을 믿고 싶지 않다는 생각을 은연중에 시험문제를 통해 표출한 것이나 다름없어 보인다.

MBC가 이 문제를 통해 평가하려고 했던 것은 무엇일까. 아마 젠더 이슈를 바라보는 '합리적' 관점일 거다. 그런데 그 '합리적'인 관점을 대부분 중년 남성으로 구성된 방송사 간부들이 평가하고 있는 상황을 적합하다고 보기는 어렵다(2018년 8월 기자협회보 보도[32]에 따르면 MBC는 간부급인 팀장 23명 중 네 명만이 여성이었다).

특히 시험문제에서 '피해호소인'을 거론한 것 자체가 이미 수험생들에게는 큰 압박이 된다. '피해호소인'을 주장하는 측의 의견을 무작정 배격할 수는 없기 때문이다. 너무 강한 주장을 하지 않았나, 편향적인 의견을 보이지 않았나 스스로 검열할 수밖에 없는 주제다. 게다가 시험관 개개인도 이 이슈에 대해서 명확한 입장이 있을 수 있다는 점은 이 시험의 공정성마저 의심스럽게 만든다. 누가 지상파 방송 공채 시험에서 이런 문제를 볼 수 있을 것이라고 상상이나 했을까. 수험생들에게도 모욕적인 문제였을 것이라 생각한다. 시험문제가 논란이 되자 결국 MBC 측은 재시험을 발표했고, 애꿎은 수험생들만 두 번 시험을 보게 됐다.

기안84에게 면죄부가 된 〈나 혼자 산다〉

공교롭게도 해당 시험이 있던 주에, '여성혐오' 논란을 빚고 있던 웹툰 작가 기안84가 MBC 예능 프로그램 〈나 혼자 산다〉에 복귀했다. 기안84는 네이버 웹툰을 통해 연재하는 〈복학왕〉에서 여성 인턴이 남성 상사와 연애해서 대기업에 입사했다는 내용을 그려 논란을 일으켰고, 이후 한 달 동안 녹화에 참여하지 않아 하차한 것 아니냐는 말이 나오던 때였다.

〈복학왕〉의 여자 주인공 봉지은은 제대로 된 보고서조차 못 쓰지만 애교로 상황을 무마하는 인물이다. 인턴 마지막 날 회식 자리에서 팀장에게 "안 뽑힐 건 알고 있나 봐" "누가 뽑아준대?"라는 이야기를 듣기까지 한다. 그런 그가 회식 자리에서 껍질이 두꺼워 먹기 힘들었던 조개를 배 위에 올려놓고 깬 다음, 황당하게도 합격(채용전환) 통보를 받는다. 뒤이어 나이 차이가 최소 열 살 이상 나는 팀장과 봉지은이 회식 날에 키스를 했고, 서로 사귀는 사이라는 내용이 등장한다.

그러나 만화의 전개상 상사와의 관계를 통해 취직을 하는 여성의 모습이 필요한 이유를 독자들은 전혀 알 수 없었다. 그가 캐릭터 또는 서사와 무관하게 부적절한 방식으로 '하층 여성 청년'의 모습을 묘사하려고 했다는 추정만 할 수 있을 뿐이다.

기안84는 〈복학왕〉에서 남성인 자신이 보고 겪은 일에 대해서는 매우 디테일한 부분까지 정확하게 포착해서 그려낸다. 그래서 남자 주인공의 심경 묘사는 꽤나 설득력 있는 편이다. 반면 여성이나 장애인 캐릭터의 행동을 그릴 때는 혐오적 시선을 아무렇지 않게 드러낸다. 한두 번이 아니었지만, 매번 논란이 유야무야됐다. 수많은 혐오 논란에도 그가 웹툰 연재와 방송활동을 이어가는 데는 아무 문제가 없었다.

기안84가 건재할 수 있는 이유는 2017년부터 MBC 〈나 혼자 산다〉가 그를 계속 출연시키고 있기 때문이다. 지상파 프로그램에서 그의 이미지는 '순수 청년' 혹은 '철없어서 돌봐줘야 할 존재'로 그려졌는데, 방송 출연이 이어지면서 혐오 논란마저 퇴색됐다. '무심하고 조심성 없는' 이미지를 내세운 사람에게 어떤 문제에 대한 책임을 묻긴 쉽지 않다.

2차 가해에 가까운 시험문제 출제와 기안84를 감싸

는 행태는 전혀 다른 일 같지만 연관성이 있다. 둘 다 MBC가 누구의 목소리를 전달하려고 하는지 단적으로 보여주는 사례이기 때문이다. 입사 시험에서 성폭력 피해자의 '피해자성'을 따지는 논제가 나온 것은, 이곳이 지극히 '남성화된' 조직이며 특히나 '여당 지지 중년 남성'의 영향력이 강하다는 것을 의미한다. 기안84 하차 요구에도 그를 절대 내치지 않는 이유는, 타인의 눈치도 보지 않고 무례함까지 '순수'로 포장되는 그의 모습을 보며 대리만족을 느끼는 남성 집단을 고려한 결정일 것이다.

MBC는 라디오 〈싱글벙글쇼〉의 새로운 DJ로 정영진 씨를 발탁하려고 한 적이 있다. 그는 EBS의 TV 프로그램 〈까칠남녀〉에서 남자가 데이트 비용을 내는 것을 "넓은 의미로 보면 매춘과 크게 다르지 않다고 생각한다"[33]라고 말했고, 직장 내 성희롱 가해자에 대해 "젊은 사람 입장에서는 좀 안쓰럽게 생각했으면 좋겠다… 그들도 누군가의 아버지며 아들"[34]이라고 말하기도 했다. 이 밖에도 '남성 역차별'까지 주장해서 논란을 일으킨 그에게 MBC 간판 라디오 프로그램을 가장 오래 진행한 최장수 DJ의 후임을 맡길 생각을 한 것이다. 심지어 〈싱글벙글쇼〉는 중년 여성들이 가부장제하에서 겪는 고통과 한을 사연으로 받으며, 동시에 그들의 답답한 속을 풀어주던 프로그램이었다. 제작진은 여성의 돌봄 노동에 대한 이해와 공감이 필수인 〈싱글벙글쇼〉의 DJ 역할을 정영진이 감히 할 수 있으리라 본 것일까?

MBC는 소수자·약자가 시청하고 공감할 수 있는 프로그램이 제작되어야 하는 공영방송이다. 그런데 MBC는 남자들만을 대변하려 든다. 여성 수험생들이 상대적으로 더 눈치를 보고 압박을 느낄만한 2차 가해성 문제를 냈고, 여성 노동자에 대한 왜곡된 시선을 그대로 보여준 웹툰 작가는 계속 방송을 할 수 있게 하면서 면죄부를 줬다. 심지어 노골적으로 여성혐오 발언을 한 방송인에게도 간판 프로그램의 DJ를 맡기려고 했다.

MBC 입사 시험에 대한 징계는 보도본부장에 대한 경고 처분으로 끝났다. 심지어 본부장이 등기임원이라 직원이 아니라는 이유로 '상징적인 조치'로 끝났다고 한다.[35] 실제 문제를 낸 사람들에 대한 징계는 아예 없었다. MBC 내부에서 일하는 여성 노동자들은 이 결정에 공감할까? '남성 젠더 권력' 앞에서는 일관되게 관대한 공영방송, 나는 반대한다.

대통령님,
여성의 날에도 남성에게 감사해야 합니까

"여성들뿐만 아니라 남성들에게도 깊은 감사를 드립니다."

문재인 대통령이 2020년 SNS에 올린 '세계 여성의 날' 축하의 글 말미를 보고 놀라지 않을 수 없었다. 여성의 용기에 박수를 보내고, 평등한 세상을 바라는 앞의 내용에 찬물을 끼얹는 문장이었다.

갑자기 왜 남성들에게 깊은 감사를 드리는지 맥락도 불분명하다. '우리 국민 화이팅' 같은 말이 여기서 왜 튀어나올까. 혹자는 '여성만 챙기는 정부'라는 말이 나올까봐 그랬을 거라며, 청와대를 이해한다고 두둔한다. 그런데 그들 말대로 이렇게 짧고 평이한 여성의 날 축사조차 대통령과 청와대가 '안티페미'들의 눈치를 봤다면, 더 황당하고 부끄러운 일이다.

이해할 수도 없고 이해해서도 안 되는 문장이다. 온건하거나 타협적인 메시지도 아니다. '남성에게 감사하다'는 것은 여성의 날의 의미 자체를 망각한 것이다. 여성의 날이 왜 존재하냐는 물음에, 많은 페미니스트가 "남성의 날은 364일이니까"라고 답하곤 한다. 여성의 날은 단 하루, 차별과 폭력 속에서 버티고 저항해왔던 여성들을 응원하며, 여성 노동자의 현실을 되돌아보는 날이다. 그 하루조차 여성들에게 온전한 감사를 표하지 못해서 '남성들에게도 감사한다'고 해야 하는가?

코로나19 유행 이전 여성단체들은 여성의 날마다 '3시 STOP 여성파업' 행사를 열었다. 임금격차가 100대 64이므로, 남성과 비교했을 때 여성들이 사실상 오후 3시부터는 무급으로 일하고 있다는 사실에 기반한 것이다. 심지어 정규직 남성과 비정규직 여성의 임금격차는 100대 37.5에 육박한다. 경력 단절이나 노동시장 차별로 인해 여성 노동자 중 비정규직은 50.7%로 정규직보다 더 많다. 반면 남성 노동자는 정규직이 66.8%나 된다.[36]

임금격차만이 문제가 아니다. 채용 차별, 유리천장, 직장 내 성폭력 등 여성 노동자를 억압하고 일하기 어렵게 만드는 요소는 한두 가지가 아니다. 1908년 미국 뉴욕의 러트거스 광장에 모인 섬유 노동자들이 "빵과 장미를 달라"고 했던 그 시절의 문제가 표면적으로는 해결됐을지언정, 본질적으로는 해결되지 않은 것이다. 그러니 여성들은 끊임없이 '동일임금 동일노동' '미투' 등을 외치며 거리로 뛰쳐나올 수밖에 없었다. 실제 여성 노동자들은 매우 다양한 방식으로 직장 내에서 차별을 경험하게 된다. 그중 사회적으로 충격을 준 사례 세 가지만 간략히 언급해보겠다.

'여성의 날'의 취지는 잊힌 노동현장

1. KEC의 노골적인 성차별: 2019년 인권위 조사 결과[37] 반도체 기업인 KEC의 생산직 노동자 353명 중 여성 151명은 모두 사원 등급인 J등급에 속해 있었다. 반면 남성은 202명 가운데 182명이 관리자급인 S등급이었다. 동일한 일을 해도 남성만 승진했다.

심지어 채용 시점부터 여성은 J1등급이었는데, 남성은 그 윗단계인 J2등급부터 시작했다고 한다. 등급이 올라감에 따라 기본급도 올라가고, 이는 수당에도 영향을 미치니 시간이 지날수록 임금격차가 커질 수밖에 없다.

2. 여성을 정규직 전환에서 배제한 기아자동차: 기아자동차는 '불법 파견' 문제가 제기되면서 2013년부터 비정규직 사내하청 노동자를 '특별채용''우대채용'의 형식으로 정규직으로 전환해왔다. 그러나 2018년 6월까지 정규직 전환자 1500명 중 여성은 한 명도 없었고(불법 파견 노동자 중 여성의 비율은 20% 정도다), 이에 여성 비정규직 노동자들이 고용노동청에 근로 감독을 요청했다.
놀라운 것은 기아차 정규직 노조의 반응이었다. "준비 없는 여성 채용은 심각한 문제를 불러일으킬 수 있다"[38]라며 지방고용노동청에 의견서를 제출한 것이다. 게다가 이들의 행태를 비판한 《한겨레》에는 "대놓고 사측을 돕는다"며 반발하기까지 했다. 이후 여성 노동자 26명이 특별채용 대상에 포함되는 등 진전이 있었지만, 남성 중심의 노동환경이 여성을 어떻게 배제하는지 보여주는 사건이었다.

3. 르노삼성자동차 성희롱 사건[39]: 가해자가 2012, 2013년 약 1년가량 지속적 성희롱을 해오자, 피해자는 이를 회사 측에 신고했다. 하지만 인사팀 직원은 피해자에 대한

악의적인 소문을 퍼트리는 등 2차 가해를 했고, 심지어 회사는 피해자의 인사고과를 낮게 부여하며 대기발령 등 인사상 불이익 조치까지 가했다.

하지만 피해자는 회사에 민사소송을 제기하고 버텼다. 파기환송심까지 간 끝에 성희롱 가해자와 2차 가해자의 책임은 물론 회사의 부당징계 불법행위까지 인정되는 판결을 얻어냈다. 그러나 사건은 아직 끝나지 않았다. 2014년 르노삼성을 향해 여성단체가 고발장을, 조력자가 고소장을 제출했지만, 검찰의 수사는 2018년에서야 이뤄졌다. 2020년 2월에서야 1심에서 임직원 두 명과 르노삼성 측이 벌금형을 선고받았다.

일터에서 성폭력을 걱정해야 하며, 성폭력 피해조차도 쉽게 신고하기 어려운 상황은 여성 노동자를 이중 삼중의 차별 구조로 내몰고 있다. 여성들은 대부분 이러한 현실을 알고 있으므로 자신의 피해를 신고하기도 어려워하고, 피해를 신고하더라도 이후의 2차 가해 때문에 퇴사로 내몰리기도 한다.

이와 같이 여성 노동자들이 부당하게 겪는 차별과 폭력에 저항해나가자는 것이 여성의 날의 취지다. 그리고 지금껏 그 현실에서 싸워왔던 이들을 향해 장미를 선물하는 것은 위로나 격려보다는 존중과 공감의 표시라고 생각한다. 2018년 여성의 날, "한 여성의 아들이자 또 다른 여성의 동반자로서 부끄러운 마음을 감추기 어렵습니다"라고 말했던 고 노회찬 의원처럼.

문재인 대통령의 '퇴보'

여성의 날마다 거리에 나온 전 세계의 여성들이 규탄한 것은 가부장적 사회와 가부장적 자본이었다. 남성이 운영하며, 모든 것을 결정하는 그 시스템 자체에 문제를 제기한 것이다. 그런데 하필이면 이런 날, 대통령이 '남성에게 감사하다'고 말한 것이다.

문 대통령은 대선 당시 '페미니스트 대통령'이라는 구호를 내세웠으나 이후 행보는 매우 실망스러웠다. 왜곡된 성의식과 여성 비하적 발언이 담긴 저서로 여성계와 정현백 전 여성가족부 장관으로부터 '청와대 퇴출' 요구를 받았던 탁현민 씨(현 청와대 의전비서관)는 여전히 청와대에 있다. 심지어 탁 씨는 2019년에 청와대를 떠났다가, 재차 문 대통령의 부름을 받아 2020년에는 한 단계 승진해서 청와대로 다시 들어갔다.

또한 낙태죄 헌법불합치 결정 이후 대체 입법에서 주무부처인 법무부의 의견과 달리 청와대는 '낙태죄 존치' 입장이었다고 한다.[40] 실제 지난해 정부가 입법예고한 낙태죄 개정안(형법 및 모자보건법 개정안)은 14주 주수 제한, 상담 의무화와 숙려 기간, 의사 '거부권' 조항 등으로 논란이 됐다. 2017년 '청와대 낙태죄 폐지' 청원 때, 당시 조국 민정수석은 "현행 법제는 모든 법적 책임을 여성에게만 묻고 있다는 문제가 있습니다. 국가와 남성의 책임은 완전히 빠져 있습니다"라며 임신중절 실태조사를 지시했다. 이렇듯 문 대통령의 청와대는 임기 초기보다 여성 인권에 있어서 퇴보한 모습을 드러내고 있다.

이뿐일까. 문 대통령은 '첫 내각 여성 장관 30%, 임기 내 동수내각'을 공약했는데, 실제 임기 첫 내각에는 여성 장관이 다섯 명(27.7%)이었고 여기에 장관급인 보훈처장에 피우진 예비역 중령을 임명하면서 기대감을 키웠다. 하지만 임기 5년 차인 지금, 여성 장관은 세 명(16.6%)으로 줄었고 기존에 여성 장관이 있던 자리는 안전하고 검증된, 전현직 남성 국회의원들로 채워졌다. 지난해 말부터 올해 초까지 이어진 개각에서 대통령의 인사 기조는 '변화를 꾀하자' '여성을 더 등용하자'가 아니라 '편한 사람들과 안정적으로 가자'였고, 그 편한 사람들은 50대 이상 민주당 '남성'으로 보인다.

누군가는 성비가 중요하냐고 이야기하겠지만, 성비가 이 정도로 무너지면 '여성 대표성'은 상실되는 것이나 다름없다. 2017년 기준 경제협력개발기구OECD 회원국의 여성 장관 비율은 평균 27.9%다. 또한 OECD 회원국 가운데 77%인 27개 국가에서 여성 장관은 전체 장관의 20% 이상을 차지한다. 프랑스·스웨덴·캐나다 등은 과반을 넘었고, 영국·독일·스페인 등도 30%가 넘는다. 미국의 바이든 내각 역시 장관·장관급 26명 중에 여성이 12명으로 46%를 차지했다.[41] 문재인 정부만 후퇴하고 있는 셈이다.

문재인 대통령에게 바란다. 특정한 날이 아닌 평소에도 대통령과 청와대가 눈치 보지 않고 여성 인권을 개선하겠다는 강하고 명확한 메시지를 내달라. 그렇게 해야만 행정부처가 움직이고 여성혐오 세력이 움츠러들 수 있다.

'오빠가 허락한' 페미니즘의 종말

지난해 7월, 단국대학교 서민 교수가 '탈페미 선언'을 했다. 그는 자신의 페이스북에 "꽤 오래 꼴페미 소리를 들었는데 윤미향과 오거돈 박원순 사태를 보며 여가부 폐지에 동의하게 됐습니다"라며 스스로를 '귀순자'라고 칭했다.[42] 남성 정치인의 성폭력이 왜 '여가부 폐지 동의'로 이어지는지는 모르겠지만, 이후 그는 달라졌다. 2020년 11월 11일 국민의힘 초선 의원 모임에서는 "페미니스트들과도 싸울 수 있어야 한다"고 야당의 자세에 대해 조언했다.[43]

이어 12일에는 KBS 1라디오 〈김경래의 최강시사〉에 출연해 "맘카페를 가보면 조국 전 장관이나 문재인 대통령에 대한 지지가 되게 높은데, 그 이유 중에 하나가 사실 잘생긴 게 되게 크거든요. 과연 국민 수준이 높다고 할 수 있는 것일까요?"라고 말한다.[44] 이젠 여성 시민을 '비합리적이고 수준 낮은' 유권자의 상징으로 언급하는 수준까지 이른 것이다.

서 교수가 지금껏 줄곧 '페미니즘 팔이'를 했다고 생각하진 않는다. 정희진 여성학 연구자의 책을 페미니즘 입문서로 삼고, 강준만 선생의 '빠'를 자청했으며, 2013년에도 〈한국에서 여자로 산다는 것〉이라는 글(《세상에게 어쩌면 스스로에게》에 수록)로 페미니스트로서의 정체성을 드러내기도 했다. 페미니즘 리부트 이후에 그는 더욱 바빠지기 시작했다.《여성신문》에 정기 칼럼을 기고했고, 이를 모아《여혐, 여자가 뭘 어쨌다고》라는 단행본을 냈다. '지금, 여기의 페미니즘×민주주의 강연'과 인권연대 주최 '제7기 청소년 인권 학교'에서 페미니즘을 주제로 강의를 했고, 이 내용 역시 책으로 출간되었다. EBS 〈까칠남녀〉에서도 '여성 인권' 향상을 강조하며, '안티페미' 남성들과 대립하는 성격의 패널로 출연했다.

사실 서 교수는 중년 남성이고, 재미있는 글을 쓴다는 이유로 페미니즘 진영에서 너무 많은 기회를 얻은 경우다. 그게 오히려 독이 됐을까? 서 교수에게는 스스로 아직 극복하지 못한 '남성문화'의 잔재들이 있었고, 이는 '농담'으로 위장한 여성혐오적인 표현으로 드러난다. 특히나 《여성신문》에 기고한 칼럼에선 이것이 어떻게 페미니스트의 칼럼일 수 있는지 놀라운 부분이 많다.

> "아이와 남편 뒷바라지로 힘들다고, 혹은 회사에서 이런 저런 차별로 힘들다고 쉽게 사표를 던지는 일은 삼가자."
>
> 〈여성들이여, 일을 갖자〉
>
> "2016년 8월, 모 대학교수는 자신의 책상을 정리하던 조교를 강제로 끌어안았다. 얼마든지 껴안아도 되는 아내분이 집에 계실 텐데도 이런 일을 벌인 것이다."
>
> 〈메갈리아가 기생충보다 못한 존재일까〉
>
> "특히 여성이 나와서 같이 놀아주는 술집을 가다 보면 월급은 금방 모자란다. 나이가 듦에 따라 노후 대비가 걱정돼 싱글의 즐거움이 점점 줄어들지 않을까. … 그래서 싱글은 참거나 혼자 해결하거나 아니면 업소를 가야 하는데, 맨 마지막은 조심하자. 단속에 걸리면 패가망신하는 수가 있으니까."
>
> 〈"싱글이 행복해" 거짓말 그만두고 여성에게 잘하시라〉
>
> "물리 시간에 배운 작용과 반작용이 생각나는 수준 높은

해명이지만, 재판부는 강 씨에게 벌금 2000만 원을 선고했다. 창의성 별 다섯."

《남자는 성추행 후 창의성을 발휘한다》

가장 나를 당황하게 만들었던 글은 〈페미니즘이 싫다는 젊은 누이께〉라는 글이었다. '여잔데도 페미니스트가 싫어요'라는 한 누리꾼의 글에 반박하면서, "이제 스무 살이 된 ○○○ 님이 이 사실(성차별)을 깨닫기까지는 시간이 걸리겠지요. 지금이야 ○○○ 님은 뭇 남성들이 떠받드는 젊은 여성이니까요"라고 지적한다. 이어 "글을 보니 ○○○ 님이 페미니즘을 너무 막연하게 이해하고 계신 것은 아닌지 아쉬웠습니다. 혹시 페미니즘에 관한 책을 몇 권이라도 읽어 보시면 어떨지요?"라는 조언까지 곁들인다. 그가 굳이 훈계조로 설명할 필요가 없는 부분이었다.

그의 '실패'에는 이유가 있다

그는 페미니즘을 일종의 '문명화'로 생각한 것 같다. 그래서 신나게 반페미니즘적 가치를 비난하고 조롱해서 남성들을 '계몽'시켜야 한다고 여긴 듯하다. 그렇다 보니 종종 그가 '(여성을 위하는) 좋은 남성 되기'를 페미니즘과 동일시한다는 느낌마저 받았다. 그는 남성들에게 징징거리지 않고, "가사분담으로 아내에게 기쁨을 주는"(《남편들은 왜 깨끗하게 설거지 안 할까》) 존재가 되라고 다그쳤다.

하지만 페미니스트가 되는 일은 여성에게 가해지는 폭력과 차별에 대해 구조적으로 인식하고 성찰한다는 것이며, '남성성 부수기'를 비롯해 성차별의 근거를 무력화시키는 실천 방식의 모색을 포함한다. 지속적인 '정치적 실천'을 필요로 하는 것이다. 그러므로 그는 자기 자신부터 돌아봐야 했다. 서 교수가 2020년 7월 30일 자신의 블로그에 쓴 〈[해명] 서민은 탈페미했는가?〉[45]라는 글에서, 그가 실패한 이유가 선명하게 드러난다.

> "몇 안 되는 남성 페미니스트라는 제 자부심은 저를 오만하게 만들었고, 저는 페미니즘에 반대하는 남성들을 한심한 찌질이로 바라봤습니다. 조선인 친일파가 조선인을 더 모질게 두들겨 팬다고, 남성인 저는 '못 배운' 남성들을 욕하는 데서 카타르시스를 느끼는 단계에 이르렀습니다.
> 제 발언이 세질수록 페미 세계에서 제 지위는 높아졌습니다. 어쩌면 그건 대학교수라는 제 직업 덕분이기도 했겠지만, 페미니즘에 관한 이슈가 생길 때 제가 페미계를 대표

해서 발언을 한 적도 여러 번입니다. 그 권력은 저를 더 우쭐하게 만들었고, 저는 그렇게 꼴페미가 됐습니다."

전문가가 아님에도 서 교수는 숱한 기회를 얻었다. 사실 여성들이 들어갈 자리를 차지한 것이나 다름없었다. 그가 잘나서가 아니라 '남성이기 때문에' 계속 강연을 요청받고, 지면을 제공받은 것이었다. 그렇다면 적어도 자신의 '쓰임'과 '책임'이 무엇인지는 알고, 그에 맞게 행동해야 했다. 그런데 서 교수는 너무도 쉽게, 자신이 몇 년 동안 만든 결과물을 아무 가치가 없게 만들어버렸다. 이는 그를 믿고 함께 페미니즘·인권 콘텐츠를 만든 수많은 사람에 대한 조롱과 기만과도 같다.

자신이 속한 정치적 진영이 달라지면서 자신이 '페미니즘 계몽'의 주체로 나서지 못하게 되자, 그는 페미니즘을 버렸다. 남성 페미니스트의 지향점이 '좋은 남성' '너보다 똑똑한 나'에 그치면 안 된다는 것을 그는 아주 똑똑히 보여준다.

쓰면 뱉고 달면 삼키는, 나의 가치를 올릴 수 있을 때는 괜찮지만 그렇지 않을 때는 '손절'할 수 있는 것. 그의 페미니즘은 결국 '오빠가 허락한 페미니즘'으로 판명 났다. 여성의 '편'에 선다고, 여성을 위하는 말을 한다고 모두 '페미니스트'로 불릴 수 없다는 것을 서 교수로부터 똑똑히 배운다. 나를 비롯한 남성들은 그의 실패를 반면교사로 삼아야 한다.

4부

말하지 않아도 괜찮다면
그것은 권력이다

고결한 방관자들

우리는 왜 설리의 편이 되지 못했나

설리는 어느 누가 옆에 있어도 가장 큰 주목을 받는 '아이돌' 그 자체였다. 뛰어난 퍼포먼스 없이도 빛이 났다. 하지만 그는 대중이 원하는 '아이돌' 이미지에 반하는 모습을 보였다는 이유만으로 곳곳에서 비난받았다. 2014년에는 3집 활동 중에 '악플과 루머'로 인해 활동을 중단할 만큼 많이 지쳐 있었고, 결국 2015년에는 걸그룹 f(x)를 탈퇴하고 연기자의 길을 걷기로 한다.

알다시피 이후 그는 인스타그램 게시물 하나하나가 화제에 오르는 삶을 살아가게 된다. 다들 그를 향해 비아냥

대거나 훈수를 뒀다. '미쳤다' '관종이다' '나중에 후회한다' 등의 표현이 넘쳐났다. 그래도 그는 아랑곳하지 않았다. 자신이 올리고 싶은 사진을 올렸고, 자신이 하고 싶은 말을 했다. 꾸준하게 '규정당하기'를 거부했고, 아이돌 출신 여자 연예인에게 요구되는 '예의 바른' '조신한' '귀여운' 등의 규범을 무시했다. 사회적 압박을 자신만의 방식으로 비껴가고 균열을 내면서 그는 되물었다. "내가 왜 (문제야)?" 사실 그 말은 동시대의 젊은 여성들이 사회에 되묻고 싶은 것이기도 했다.

페미니스트들이 설리에게 환호하는 이유는 단지 그의 '특이한 행동'에 있지 않았다. '당연하다'고 여겨왔던 관습을 깨고, 누가 뭐라든 관습을 따를 생각이 없어 보이는 그 '일관성'에 있었다. 누가 뭐래도 그는 자신의 길을 가고 있었다. 이에 《아레나》 이예지 에디터는 말했다. "한국 사회에서 어떤 시선에도 포섭되지 않고 '제멋대로 하고 싶은 걸 하는 여자'는 그 자체로 얼마나 희귀하고 소중한 존재인가."[1]

설리가 남긴 방파제를 지키는 법

많은 이들이 설리가 논란을 일으켰다고 말했다. 그런

데 정작 논란을 일으킨 것은 그가 아니었다. 몇 년 동안 설리의 인스타그램을 염탐하다시피 하면서 기사를 멈추지 않는 연예 매체, 그리고 그 기사를 소비하며 '만만한' 여성 연예인을 욕하는 사람들이 합심해 설리의 모든 것을 논란으로 만들었다. 그럼에도 나는 마냥 그가 잘 견디고 있는 줄만 알았다.

엔터테인먼트 산업은 여성을 '성적인 이미지'로 소비하려는 남성의 욕구에 적극적으로 호응해왔다. 한 명의 평등한 주체로서 인정받으려던 설리가 견디기엔, 너무나 폭력적인 구조였을지도 모르겠다. 그는 누구에게도 피해를 주지 않았고, 남성 중심적 시선에 저항하며 꿋꿋하게 자신의 소신을 지켰다. 하지만 한국 사회는 그에게 너무나 가혹했다.

설리가 왜 세상을 떠났는지 잘은 모른다. 다만 설리를 추모하는 다른 사람들이 말하는 것처럼, 나 역시 그를 적극적으로 옹호하지 않았음이 후회된다. 그는 존재 자체만으로 그동안 당연하다고 믿어왔던 한국 사회의 질서나 통념에 의문을 제기하는 역할을 했다. 그것이 반가웠고 또 흥미로웠다. 하지만 그뿐이었던 것 같다. 적극적으로 그의 편에 선 적이 없었다. 그의 행동을 공개적으로 옹호한 적이 없고, 그를 공격하는 악플에 맞서 싸우지도 않았다. 그 점이

두고두고 마음에 걸렸고 미안했다.

단순히 개인 차원에서의 미안함은 아니었다. 흔히 사람들은 악플을 설리의 죽음의 주요 원인으로 지적한다. 하지만 보다 본질적인 원인은 여성을 도구화하는 엔터테인먼트 업계와 언론, 그리고 '여성혐오'에 있다. 기자이면서 동시에 지금껏 '여성혐오 문화'를 나도 모르는 사이에 방조하고 묵인했던 남성으로서, 나에게는 남 탓을 하고 넘어갈 수 있는 일이 아니었던 것이다.

나는 내심 그를 논란거리로 만드는 언론과 악플러들을 '어쩔 수 없는 존재'라고 생각해왔다. 그러나 '어쩔 수 없는 것'은 없었다. 설리가 세상을 떠난 뒤에 온라인 포털 연예 뉴스란의 댓글이 사라졌다. 또 '다음'과 '네이버'에서는 실시간 검색어가 사라졌다. 걸그룹 소녀시대 소속의 배우 수영은 설리를 향해 "멋진 파도처럼 살다가 방파제가 되어준 아이"라고 말했다.

더 이상 그를 모욕하지 말자

그렇다면 내가 속한 언론계는 그가 남긴 방파제를 유지하기 위해 노력하고 있을까. 그의 죽음 이후 조금은 달라졌을 거라고 생각했다. 연예 매체뿐만 아니라 주요 일간지조차 조회 수를 위해 설리를 모욕하는 기사를 써왔다는 사실이 다시금 알려졌고, 동시에 언론 내부에서 성찰의 목소리도 종종 나왔으니 말이다. 하지만 2020년 9월 MBC의 〈다큐플렉스—설리가 왜 불편하셨나요?〉 방영 이후에 다시 한 번 좌절감을 느꼈다.

이 다큐멘터리는 설리를 고통스럽게 했던 구조적인 문제를 면밀하게 짚지 못했다. 더불어 설리의 전 남자친구를 비중 있게 언급한 부분도 부적절하다는 비판을 받았다. 이 때문에 '다시 보기' 서비스가 중단되기까지 했다. 하지만 내가 볼 때 프로그램만큼이나 큰 문제는 살아생전 설리를 가십으로만 다루던 언론사들이 방영된 다큐멘터리와 그의 전 남자친구에 관한 기사를 아무렇지 않게 쓰고 있었다는 사실이었다. 심지어 방송 내용에는 그동안 잘못을 저지른 언론에 대한 비판도 포함되었는데, 이것이 남의 이야기인 양 딴청을 피우는 느낌이었다.

염치가 없어도 이렇게나 없을 수가 있을까. 그들은 어느새 잊어버렸다. 설리를 벼랑 끝으로 몰아간 것 중에 하나가 언론사의 기사라는 사실을. 온라인팀을 만들고, 매일매일 설리의 인스타그램을 확인하고, 게시물 하나하나를 기사로 만들어 설리의 삶을 함부로 재단하지 않았는가. 죽어서까지 그가 이용당한다는 생각을 지울 수가 없다.

설리는 '젊은 여자 연예인'이라는 이유만으로 자신에게 가해지는 부당함에 맞서면서, 사회의 통념을 깨부수려고 했다. 하지만 그의 행동들은 온당하게 그 가치를 평가받지 못한 채, '이상하다' '괴이하다'라고만 여겨졌는데, 이는 언론의 책임이 크다. 적어도 그에게 미안함을 느낀다면, 그가 남긴 방파제만큼은 부디 유지해줬으면 한다. 각종 혐오에 노출될 수밖에 없는 여성들을 더 이상 '논란'이라는 이름으로 내몰지 않기를 부탁한다.

20대 여성은 왜 죽는가

여느 때와 비슷했던 일요일 오후, 친구에게 구하라 씨가 죽었다는 소식을 들었다. 깜짝 놀라서 연신 "이러면 안 되는데"라는 말만 되풀이했던 것 같다. 더 이상 어떤 사람도 이렇게 보내고 싶지 않았다. 만약 불법촬영 혐의로 재판을 받은 그의 전 남자친구가 1심에서 제대로 죗값을 치렀다면, 그가 이전에 의식을 잃은 채 응급실로 실려 갔을 때 사람들이 '관종'과 같은 악성댓글을 달지 않았다면 어땠을까. 그런 생각만 자꾸 들었다.

다음 날 나는 여성가족부에서 주최하는 한 행사에

연사로 참석했다. 그날 행사 무대 뒤에 모인 페미니스트 학자분들과 활동가분들의 표정은 침울해 보였다. 나는 사람들 앞에서 활기차게 '남성도 변할 수 있다'는 긍정적인 전망을 이야기했지만, 이내 '이게 다 무슨 소용인가' 싶은 생각도 들었다. 그는 '성적 상품'처럼 소비되기도 했고, 사회가 강요하는 여성성에서 한 끗만 벗어나도 규탄의 대상이 되었던, '여성혐오'의 가장 큰 피해자 중 하나였다. 혹자는 유명하고 돈 많이 버는 여자 아이돌들이 견뎌야 할 짐이라고 이야기하지만, 동의하지 않는다. 누구도, 그런 모욕을 견뎌낼 수는 없다.

두 여자 연예인의 죽음과 최근 20대 여성들의 죽음이 증가하고 있다는 사실을 서로 무관하다고 볼 수 있을까? 최진리(설리) 씨와 구하라 씨가 죽은 2019년 10월과 11월에 여성 자살자 수가 급격히 늘었는데, 이는 일시적인 현상이 아니었다. 심지어 2020년 상반기 여성 자살자 수는 296명으로 전년 대비 43%나 증가했다.[2] 2020년 1~8월 응급실에 오는 자살 시도자 중 '20대 여성'이 32.1%로 전 세대 통틀어 가장 많았다.[3]

이에 대해 김현수 서울시 자살예방센터장이 한 말 역시 너무나 충격적이었다. "올해(2020년) 서울시 20대 자살자 수가 두 배 정도 늘었다. 여성 자살 시도자 수는 지난 5

월까지 1000명에 육박한다. 특히 20대 여성 자살 시도자 수는 압도적으로 많다. 다른 세대에 비해 네다섯 배 이상 많다."[4] 대체 무슨 일이 벌어지고 있는 걸까? 혹자는 유독 여성에게 가혹한 코로나19 위기를, 혹자는 '젠더폭력'을 이야기한다. 아직 그 무엇이 원인이라고 정확히 진단하기는 어려울 것이다. 다만, 고려대학교 정혜주 교수가 이 주제와 관련해 〈슬랩〉과의 인터뷰에서 한 말이 진실과 가장 가까이 있다고 생각한다.

> "(여성의) 대학 진학률이 남성보다 8%가 더 높은 상황이잖아요. 이 부분이 노동시장에서의 지위를 포함한 사회적인 지위로 이전되지 않는다는 거예요. 한국의 여성은 딱 그 위치에 있거든요."[5]

정 교수의 말은 넓은 의미로 에밀 뒤르켐이 말하는 '숙명론적 자살', 즉 개인이 사회에 의해 과도하게 규제되고 욕망이 억압되는 상황에서 죽음이 일어난다는 말처럼 들린다. 즉 20대 여성을 죽음으로 몰아넣는 원인 중 하나는 '여성혐오'라는 이야기다. 정확히 말하자면 20대 여성들은 성차별이나 성폭력 등 여성혐오 사회에 대한 문제의식의 수준이 굉장히 높다. 그런데 정작 현실은 너무나 더디게 바뀌고 있는 것이다. 그렇게 인식과 현실의 격차가 결국 절망감을 만들어냈으리라 감히 짐작해본다.

구하라 씨가 살아생전 경험했던 일은 교제하던 남성의 폭력과 불법촬영 범죄를 어렵게 신고했으나, 법원이 남성에게 솜방망이 처벌을 내려 집행유예로 풀어준 것이었다. 2019년 8월, 분명 온 사회가 '불법촬영'과 '불법촬영 협박'의 심각성을 떠들 때였다. 구하라 씨는 그때 현실의 격차를 경험했을 것이다. 어디 그것뿐이겠는가. '외모 품평' '감정 노동'과 같은 행위는 명백히 사회적 비판의 대상이었지만, '대중의 요구에 부합해야만 하는 여자 아이돌'로 살아야 했던 구하라 씨에게만큼은 자신이 감당해야 하는 것이었다. 그에게는 통념보다 더 강한 '성별화된 억압'이 가해졌다.

다른 20대 여성들은 어떨까. 많은 여성들이 최진리 씨와 구하라 씨에게 동질감을 느꼈다. 단순히 그들이 20대 여성들이 겪고 있는 문제들에 적극적으로 목소리를 내서라기보다는, 그들의 모습에서 자신이 겪고 있는 고통이 보였기 때문일 것이다.

20대 여성의 죽음에 대해 '조용한 학살'이라고 일컬었던 임윤옥 한국여성노동자회 자문위원과 이 문제에 대해 대화를 나눴다. 그는 "최진리 씨와 구하라 씨의 경우 자신에게 가해지는 폭력이나 편견에 대해서 분명하게 자기 목소리를 냈다는 점에서 다른 연예인과의 차별성이 있었다"라며 "저렇게 열심히 노력하는 사람들마저도 인격체로 대우하지 않고, 죽음으로 몰아가는 것으로 해석될 수밖에 없어서 20대 여성으로서는 더욱 힘 빠지는 상황"이라고 전했다. 임 위원은 "20대들이 비정규직 아르바이트, 취업 준비 등을 경험하면서 '희망 없음'을 공유하게 된다"고 지적하며, "그들이 자신의 삶에 직면했을 때 어떻게 살아야 할지 답이 안 나오는 상황의 연속"이라면서 안타까워했다. 나는 취재 과정에서 만난 수많은 20대 페미니스트들을 떠올렸다.

절반 이상이 페미니스트이고, 성폭력과 성차별에 누구보다 민감한 이들이 20대 여성이다. 이들은 많이 공부했고, 차별과 폭력에 목소리를 높였고, 열심히 일해서 유리천장을 깨자고 서로를 독려했다. 하지만 이들을 맞이하는 현실은 채용 성차별과 성폭력이 버젓이 살아 있는, '남성의, 남성에 의한, 남성을 위한' 사회였다. 나는 이 격차가 너무나 두렵고, 이 격차를 당연한 듯 여기는 사회도 공포스럽다. 동료 여성들을 더 이상 잃지 않기 위해 남성들은 무엇을 할 수 있을까. 아니, 무엇을 버려야 할까.

류호정, 장혜영 의원이 짊어진 짐

누군가를 '메갈'이라고 공격하는 이들에게 대체 메갈이 어떤 의미인지 궁금하다. 메갈리아 사이트는 애초에 없어진 지 오래다. 메갈리아 페이스북 페이지도 없다. 그렇다면 (현재 한국의 지형에서) 래디컬 페미니스트들을 메갈이라고 일컫는가? 한국여성민우회 SNS 계정을 팔로우한다고 메갈 소리를 듣는 상황에서는 그것도 아닌 것 같다.

실상 "○○이 메갈이다" 혹은 "○○은 메갈 아니냐"라고 말하는 사람들의 대부분은 '페미니즘적'인 그 모든 것에 대해 메갈이라고 칭하는 듯하다. 특히 젊은 여성이 페미니즘 지지 발언을 하면 대부분 메갈이라고 불린다. 그렇다면 '페미니스트'라는 말은 누구에게 돌아가느냐. "여혐도 안 되고, 남혐도 안 돼" "요즘 페미니즘은 잘못됐다"라고 이야기하는, 남초 커뮤니티에서 박수칠 수 있는 (그들만의) '진정한 페미니스트'들을 위해 남겨두는 것이다.

메갈이라는 호명은 막강한 위력을 자랑한다. 남성들은 메갈리아에서 '미러링'의 방식으로 남성을 공격하는 것에 큰 충격을 받고, 그것을 '남혐'이나 '여성우월주의'라고 일컬으며 반발하기 시작했다. 즉 남초 커뮤니티 안에서 메갈은 '남혐하는 곳''여성우월주의적 행태를 띠는 곳'이라는 의미를 부여받는, 멸칭이 된 것이다. 그래서 남초 커뮤니티 유저들은 메갈이라는 말을 전가의 보도처럼 휘두른다. 메갈의 실체가 무엇인지는 모르겠지만, 메갈이 어떤 페미니즘을 이야기하는지도 분명하지 않지만, 메갈만큼 강력한 적의를 불러일으키는 말은 없기 때문이다.

모든 낙인이 다 그렇듯, 메갈 낙인의 가장 심각한 문제는 강자가 가장 폭력적인 선택지 속에 약자를 가두는 방식이기 때문이다. "메갈이냐?"라는 질문에 "예"라고 대답하면 가장 극단적인 발언을 하는 이들과 동일시한다. 반면 "아니오"라고 답하면 잘못하지도 않았는데 해명을 요구받는다. 이러나저러나 페미니스트들을 수세에 몰리게 하는 방식이다.

장혜영 의원이 겪은 황당한 '메갈' 논란

장혜영 의원도 페미니스트이기에 당연히 어떤 남성들에겐 메갈로 분류됐다. 그래서 후보 시절 트위터에 자조적으로 "여러분의 둘째 메갈 국회로 보내주세요"라고 썼다. 이 발언이 당내에서 공격 거리가 되자, 그는 입장을 표명하며 이런 말까지 덧붙여야 했다.

> "'너 메갈이지?'라는 질문은 '너 빨갱이지?'라는 질문과 많이 닮아 있습니다. 그 질문의 의도가 명백히 상대의 인격을 말살하고 한 인간을 자의적으로 규정된 하나의 '있어서는 안 될' 존재로 규정하기 위한 것이라는 점에서 두 질문이 작용하는 방법은 정확히 같습니다. 낙인이 아니라 낙인찍는 자의 비열한 손을 똑바로 직시해주실 것을 부탁드립니다."[6]

한국의 페미니스트 중에 메갈리아를 경유하지 않거나, 메갈리아에 빚지지 않은 사람은 없다. '지금, 여기'의 페미니즘은 '메갈리아, 그 이후'라고 해도 과언이 아니다. 메갈리아는 온라인에서의 새로운 대항언어를 만들어냈고, 여성들의 분노를 응집시키는 데 기여했다. 평가는 각자 다르겠지만, 메갈리아가 '분기점'이자 '기폭제'였다는 것은 틀림없는 사실이다. 강남역 여성 살인사건 추모, 미투 운동, 낙태죄 폐지 등은 모두 메갈리아가 변화시킨 새로운 '판'에서 등장한 사건들이다.

그런데 소위 '진보 남성'이라는 이들도 메갈리아 이후의 여성 인권의 향상에는 박수를 치면서, 정작 '메갈'이란 말에는 이유 모를 적개심을 표한다. 한 진보 성향의 기자가 "정의당 비례 2번 후보가 정말 메갈이 맞습니까? … 숙명여대 사건을 보면서 한국의 페미니즘에 경악했다. … 장애인 인권운동을 하시는 건 존중하지만, 극단적 페미니즘은 곤란합니다"라고 자신의 페이스북에 쓴 것을 보면, '메갈'이라는 말이 얼마나 오염이 됐는지 알 수 있다.

장혜영 의원은 정말 오랜 시간 트위터에서 '트랜스젠더 배제' 등 페미니즘을 명분 삼아 혐오 발언을 하는 이들을 설득하고 그들과 토론해왔다. 그 과정에서 온갖 사이버 불링을 견뎠기에, 너무나 안쓰러워 보일 정도였다. 그래서 장 의원의 말마따나 그의 행보를 알고 있는 당내에서의 비난이 더욱 황당하게 느껴진다. 사실 장혜영 의원뿐만 아니라, 많은 페미니스트들이 그렇게 각자의 자리에서 혐오에 대응해왔다. 진정으로 페미니즘의 방향을 고민하고 사람들을 설득하려고 한 것은 진보 남성들이 아니라, 그들이 '메갈'이라고 부르는 페미니스트들이었다는 이야기다.

나는 감히 이렇게 말해본다. 메갈은 남성들이 온갖 악마적이고 괴기스러운 이미지를 덧붙인 여성우월주의자가 아니다. 그저 차별당하고 싶지 않고, 폭력의 두려움으로부터 벗어나 동등한 인간으로서 대접받고 싶은 사람이 바로 메갈이다. 그동안 오랜 기간 여성운동을 해온 페미니스트 또는 비교적 젊은 30대 여성 국회의원은 있었지만, 메갈리아 이후의 목소리를 대변할 수 있는 청년 여성 정치인은 없었다. '메갈 낙인찍기'에 말려들지 않은 장혜영 의원은 국회에서도 '페미니스트 정치'를 펼치며 뚜렷하게 존재감을 드러내고 있다.

게임업계 여성혐오와
류호정 의원이 짊어진 짐

2020년에도 '게임업계 여성혐오' 사건이 반복됐다. '카운터사이드'라는 모바일게임에서다. 그런데 일반적으로 게임회사 직원이나 원화가의 페미니즘 지지 글 등이 논란이 된 것과는 양상이 사뭇 달랐다. 게임 내 캐릭터의 대사나 반응 등이 변경된 것을 보고 유저들이 '페미니즘 때문에 수정한 게 아니냐'라며 항의한 것이다. 그들이 '카운터사이드'를 '메갈 게임'이라고 주장하는 이유를 정리해보자면 대략 다섯 가지다.

1. 공지 없이 '김철수'라는 캐릭터의 대사가 바뀌었다.
"아내와 아이에겐…. 더 살기 좋은 세상을 남겨주고 싶으니까요." → "자! 분부만 내려주시죠, 사장님. 전 언제든 준비되어 있습니다."
2. 비서 캐릭터인 '클로에'를 터치하면 볼에 홍조가 생겼는데, 이 설정이 사라졌다.
3. '힐데'라는 캐릭터를 클릭했을 때 나오는 대사 중 "잠깐, 잠깐! 그건 건드리지 마!"라는 부분이 없어졌다.
4. '린 시엔'이라는 캐릭터의 새 스킨을 보면, 속옷이 있어야 할 곳에 속옷이 없다.
5. 2020년 2월에 트위터에 올린 '카운터사이드' 홍보 영상이 노출이 많다는 지적을 받고 내려간 적이 있다.

표면적으로는 올바른 방향으로의 수정처럼 느껴진다. 캐릭터의 가부장적 측면을 수정하고, 과도한 여성성 강조나 성적 은유가 담긴 대사를 뺀 것이 어째서 논란이 되어야 할까(4번의 경우 캐릭터 포즈나 짧은 치마를 입힌 설정 자체부터 문제다).

하지만 제작사 스튜디오비사이드는 두 차례에 걸쳐 해명문을 올리면서 유저들에게 사과했다. 요약하자면, 완성도 문제이거나 어색함을 수정하면서 생긴 '오해'였다는 것. 무엇보다 1~3번은 바로 원래대로 되돌리겠다고 약속했다. 그리고 이 회사의 대표는 해명문에서 아래와 같이 밝혔다.

"마지막으로 말씀드리고 싶은 것은 저와 저희 개발팀은 유저분들께서 우려하고 계시는 특정 사상을 포함한 모든 종류의 혐오·반사회적 사상에 대해 반대하며 그러한 사상에 공감하는 분은 개발팀 내에 존재하지 않는다는 점입니다. 또한 이러한 개발팀 외부의 성향이나 특정 사상이 게임 내에 영향을 끼칠 수 없도록 모든 노력을 기울이고 있습니다."[7]

번역기를 돌려보자. 여기서 말하는 '특정 사상'은 바로 페미니즘이다. 그러니까 이 게임 회사는 페미니즘을 '혐오의 한 종류'이자 '반사회적 사상'이라고 이야기하고 있는 것이나 다름없다. '메갈 게임'이라는 오해를 벗고 싶어서 페미니즘을 비난하는 것인지, 아니면 실제 대표의 생각이 그러한지는 알 수 없다.

하지만 어떤 의도였든 게임회사에서 페미니즘을 사회악처럼 규정짓는 것은 그냥 넘어갈 문제가 아니다. 게임의 유저와 게임회사가 모두 페미니즘을 비난하는 구조에서, 그 게임을 하는 사람들이 페미니즘에 대해 색안경을 끼지 않을 수 있겠는가. 이슈만 있으면 무조건 '메갈'이라고 외치며 생각하기를 거부하는 남자들이 괜히 나오는 게 아니다.

동시에 이와 같은 분위기는 게임 내에서 여성이 차별받는 구조를 고착화시킨다. 특히 롤이나 오버워치 같은 팀 대전 게임에선 여성이 보이스챗을 통해 말하다가 욕을 듣거나 성희롱을 당하는 경우는 다반사고, '보르시'나 '혜지' 같은 멸칭으로 소비되기도 한다. 여성을 배제하거나 주변화시키는 게임 속 분위기가, 여성이 게임에 진입하거나 게임을 지속하는 데 가장 큰 장벽으로 작용하는 것이다.

이렇듯 게임 내 여성혐오 문화는 게임문화에서 여성의 자리를 지워버리고, 게임 업계에 여성의 목소리를 반영할 기회조차 주지 않고 있다. 이런 가운데 게임 업계는 '목소리가 큰' 남성 유저들의 의견만 충실히 반영하고 있으니, 악순환은 끝나지가 않는다.

3년 전 내가 《오마이뉴스》에서 '게임회사 여성직원'

기획 기사를 쓰면서 업계 내외의 여성혐오를 지적했을 때보다 상황은 더 악화되고 있다. 10, 20대 남성들이 게임을 통해 안티페미니즘을 자연스럽게 접하고, 그 생각을 굳히는 일들이 반복되고 있다. 그런 시점에 류호정 의원이 정의당 비례대표 1번으로 국회에 진출한 것은 환영할만한 일이 아닐 수 없었다. 류 의원은 그 자신이 성폭력 피해 동료를 위해 증언하고, 여성혐오 문화에 대항해왔던 장본인이다. 또한 화섬식품노조 선전홍보부장으로서 게임업계 여성혐오 현상에 앞장서서 목소리를 냈다. 또 오랜 시간 롤 유저였으니, 게임업계의 여성혐오 문제를 해결하기에 최적격자임은 분명하다.

사실 그의 '대리게임' 논란에도 여성 게임 유저, 그리고 페미니스트를 바라보는 남성 청년들의 선입견이 깊게 반영돼 있다. 대리게임 자체는 분명 게임 내에서 룰을 위반하는 행동이다. 그러나 류 의원은 잘못을 인정하고 사과했다. 또한 해명에서 대리게임으로 올라간 랭크를 통해 어떠한 현실적 이득도 취한 것이 없다는 점도 밝혔다. 그럼에도 비난이 그치지 않는 것은, '게임하는 여성'에 대한 고정관념이 작동하는 사건이기 때문이다. 남성들은 '그럼 그렇지'라고 생각하며 '남성 실력에 얹혀가는 여성 유저(속칭 '혜지')'에 류 의원을 대입시키는 것은 아닐까. 게다가 그가 페미니스트라는 점이 게임 유저들에게 어떻게 받아들여질지는 뻔하지 않은가. 분명 그는 과도한 비난을 받았다. 나는 류 의원이 남성이고, '20대 남성 피해자론'을 내세우는 안티페미니스트였을 경우를 자꾸 떠올려보게 된다.

그렇게 공정을 따지는 이들이 정작 게임 내에서는 성별에 따라 혐오와 차별을 일삼는다. 페미니즘을 지지했다는 이유만으로, 한 사람의 일자리를 빼앗는 것을 우습게 생각한다. 오랜 기간 지속되어온 이 모든 상황은 명백히 불공정하다. 류호정 의원은 앞으로 할 일이 많다. 지금은 비록 비난을 견뎌내기도 벅차겠지만, '메갈' 낙인이 찍힐까 봐 두려워하는 게임 업계 여성들을 위해서라도 그의 활약이 절실하다. 여성 청년 정치인이 말하는 '공정'이란, 이전의 것들과는 분명 다르리라 믿는다.

개를
때리는
사람

애인이 3년 동안의 월세 생활을 끝내고 전셋집으로 이사를 했다. 빌라촌에 있는 원룸이었는데, 딱히 큰 장점은 없었지만 우리는 월세를 아끼면서 조금 더 큰 방으로 옮긴 것에 만족했다. 다만 저번에 살던 집은 꼭대기 층이라 층간 소음이 없었는데, 이번에는 윗집에서 의자 끄는 소리, TV 소리, 세탁기 소리 등 이런저런 생활 소음이 꽤나 들렸다. 애인은 웬만한 소리는 참고 넘긴다고 했다. 그런데 하루는 통화 중에 갑자기 "잠깐 조용히 해봐, 위에서 무슨 소리가 들려"라고 말했다. 영문을 몰라 가만히 있었는데, 애인이 한참 있다가 입을 열었다. "강아지가 낑낑대고 있어…. 강아지가 맞는 것 같은데?"

설마 싶었고, 애써 아니라고 부정하고 싶었다. 하지만 며칠 후 애인의 핸드폰을 통해 들은 소리는 충격적이었다. 쿵쾅대면서 무엇인가를 던지는 소리, 이어서 강아지가 낑낑대는 소리가 20~30분가량 이어졌다. 사실 강아지인지 무엇인지 정확히 알 수는 없었다. 평소에 윗집에선 강아지가 짖는 소리조차 나지 않았으니까. 하지만 '낑낑' 하는 소리는 강아지가 내는 소리같았다.

언제는 애인의 집에서 밥을 먹으면서 TV를 보는데 또다시 윗집에서 우당탕 소리가 났고, 그날따라 유난히 강아지 소리가 크게 들렸다. 어떻게 해야 하나 고민하다가 일단 주먹으로 천장을 쳤다. 잠시 잠잠해지는 것 같더니 다시 강아지가 신음을 냈다. 위층으로 올라갔지만 막상 벨을 누르진 못했다. 강아지를 때리는 사람이 무섭기도 했고, 남자로 추정되는 윗집 주인이 앙심을 품고 애인에게 해코지를 할 가능성도 배제할 수 없었다. 그렇다고 동물학대를 직접 목격한 것도 아니기 때문에 무턱대고 경찰에 신고하기도 어려웠다. 녹음본을 제시해서 수사를 받게 한다면, 누가 신고했는지 뻔했기에 '안전'을 보장받기도 어려울 터였다.

애인은 강아지가 아파하는 소리가 너무 크게 들렸기

때문에, 그 위층이나 옆집에 사는 사람도 분명히 들었을 것이라고 여겼다. 그래서 그들이 집에 돌아오기를 기다렸다가 '강아지가 맞는 소리가 안 나냐'고 물어보려 했다고 한다. 혼자서는 문제를 제기하기 어렵다는 생각에서였다. 그러나 위층이든 옆집이든 정작 인사 한번 못 하고 살고 있었고, 실제로 기다려도 만나기가 어려웠다.

사실 그곳은 '공동체'에 대한 기대를 하기 힘든 환경이었다. 항상 건물 밖에 있는 우편함에 바짝 붙여 주차하는 사람이 있어서, 어떤 사람이 '우편물을 꺼내기 불편하니 바짝 주차하지 말아달라'는 쪽지를 붙여놓은 적이 있다. 그런데 쪽지는 금세 떼어지고, 여전히 누군가는 우편함 바로 옆에 주차를 계속했다. 그 때문에 엘리베이터에 쪽지를 붙여 경고한들 효과가 없을 것 같았다. 그래서 일단 빌라 관리인에게 이 사실을 알리기로 했고, 실제 말이 전해졌는지 한동안 윗집은 조용했던 것으로 기억한다. 물론 강아지의 낑낑거리는 소리가 완전히 사라진 것은 아니었지만.

이런저런 이유로 애인이 이사를 가면서 더 이상 강아지가 맞는 소리를 듣지 않게 됐다. 하지만 꽤 오랜 기간 아무것도 하지 못했다는 무력감과 죄책감에 시달렸다. 처음에는 정말 강아지가 내는 소리가 맞는지 의문을 품었고, 나중에는 현실적으로 문제를 제기하거나 신고를 해도 애인의 '안전'을 보장받을 수 있는가를 고민하느라 시간이 지체됐다.

애인은 같은 공간에서 함께 목소리를 낼 수 있는 사람이 있었으면 좋겠다는 이야기를 했다. 아마 다른 집에서 자신도 강아지 소리를 들었다고 이야기해주었다면 우리는 조금 더 용기를 냈을지도 모르겠다. 부조리를 없애기 위해 혼자서 목소리를 내는 것과 여럿이 함께 '자신도 똑같은 경험을 했다'고 이야기하며 문제를 제기하는 것은 전혀 다른 결과를 가져오기 때문이다.

그러나 실제로는 모여서 한목소리를 내지 못하는 경우가 많다. 동일한 문제의식을 가지고 있다는 것을 서로 모르거나, 혹은 뭉칠 수 없도록 '압박'이나 '위력'이 자리 잡고 있는 경우에 그렇다. 대부분의 사람은 부조리한 일을 겪을 때, 그것을 스스로의 힘으로 해결하지 못한다. 그때 한 공간 안에 있는 이들이 고통을 겪고 있는 각자의 '말과 경험'을 믿어주는 과정 속에서, 공통의 과제나 목표를 설정해 나가며 변화를 만들어내는 경우가 종종 있다. 이러한 연대의 모습을 잘 그려낸 영화가 〈삼진그룹 영어토익반〉이다. 이는 엄연히 '판타지'에 가깝지만, '서로가 서로의 용기다'라는 말이 이렇게나 잘 어울리는 영화가 또 있을까.

물론 현실은 영화가 아니다. 위력 성폭력 피해자들

은 조직 내에서 자신의 말과 경험이 신뢰받지 못하거나, 부정당하는 경험을 했다고 한다. 용기를 내기 위해 경험을 공유하고 함께 목소리를 낼 사람을 찾아다니다 결국 절망했다는 이야기들을 듣게 된다. 가정폭력이나 교제폭력 피해자의 경우 당장 옆에서 경험을 공유하고 함께 목소리를 낼 수 있는 존재를 찾기도 어렵다. '개인적인 문제'로 치부되는 경향 역시 사라지지 않았다.

집이나 회사는 일상의 터전이고, 쉽게 떠날 수 없는 공간이라는 점을 고려할 수밖에 없다. 그곳에서 우리는 이웃이나 동료에게 되도록 '부드럽게' '모나지 않게' 행동하려고 한다. 거슬리는 게 있어도, 부조리가 있어도 참고 넘어가는 상황이 많다. 그래야 안전하기 때문이다. 하지만 나의 '안전'이 누군가의 '안전하지 못함' 위에 서 있는 것을 알았을 때라면 어떻게 해야 할까.

용기를 내는 일이 그저 다짐으로만 할 수 있는 게 아니라는 사실을 뼈저리게 깨닫게 될 때가 있다. 다시 '강아지를 때리는 사람'이 있는 안전하지 못한 공간, 아니 어쩌면 그보다 더 폭력적인 공간과 구조를 마주했을 때, 나는 '용기를 내서' 무언가를 포기할 각오가 되어 있는 걸까. 스스로에게 묻고 또 묻다가, 적어도 숨기고, 외면하고, 거짓말하는 일만큼은 하면 안 된다는 결론에 다다른다.

결혼에도 자격이 필요한가요

1인 가구가 늘고 비혼을 결심하는 이들도 늘고 있지만, 여전히 나는 결혼을 원한다. 결혼에 가부장적 억압을 수반할 수 있다는 '리스크'가 존재한다는 것은 안다. 내 노력으로도 어떠한 부조리는 극복하기 어려울지 모른다는 두려움이 있다. 하지만 나와 애인은 '생활동반자법'조차 없는 상황에서 사랑하는 사람과 함께 안정적으로 살아갈 수 있는 가장 정확한 방법이 '결혼 제도 수용'이라는 것에 동의했다.

부모님과 불화하지 않고, 주변의 인정을 받으면서

애인과 함께 가족을 구성하고 싶다. 그래서 나는 '남들과 비슷한' 결혼과 가족 구성을 꿈꾼다. 가능하다면 말이다. 결혼이라는 '제도'를 이용하기 위해선, 결혼이라는 '과정'을 잘 치르는 게 필수이기 때문이다.

그런데 다들 어쩜 그렇게 좋은 예식장에서 결혼하고, 친구들은 왜 이렇게 많이 오는지 모르겠다. 요즘엔 결혼식도 가지각색이라 어떤 형식으로 하는 게 가장 좋을지 많이 고민한다. 다른 사람들의 결혼식장에 갈 때마다 '이 결혼식장은 식대가 얼마 하려나?' '사회는 꼭 따로 있어야 할까?' '주례가 있는 게 나을까?' '동반 입장이 맞겠지?' '합창단을 불러야 할까?' '축사는 누구에게 부탁하지?' '친구도 많이 없는데 어쩌지?' 등의 생각을 한다. 매고 있던 넥타이가 괜히 갑갑해진다. 이래서 스몰웨딩을 하는 걸까 싶기도 하지만 스몰웨딩이 실제로는 더 신경 쓰이고 돈도 더 드는 경우가 많다고 한다. 무엇보다 부모님이 싫어하실 테니, 이러나저러나 '남들처럼' 하는 게 나을 것 같다.

물론 쉬울 리가 없다. '모두의 축복을 받는 화려하고 멋진 결혼식', 점점 자신이 없어진다. 게다가 서울 시내에 있는 아파트를 신혼집으로 삼는다거나, 결혼함과 동시에 신도시에 집을 마련한 친구의 이야기들을 들으면 나의 처지를 돌아보게 된다. 나와 애인이 가진 대략적인 돈, 대출받을 수 있는 돈, 기타 등등을 고려하면 주변 사람들처럼 '그럴싸한' 곳에 살기가 어려울 것 같다는 계산이 나온다. 그야말로 '넘사벽'처럼 느껴진다. 어머니 아버지가 종종 결혼식장에 다녀온 이야기를 들어봐도, 'ㅇㅇ네 자식은 대기업에 다니고 사내 커플이어서 어쩌고' 이런 이야기뿐이다. 아아, 어쩌란 말이냐.

이렇듯 결혼을 생각하는 나에겐 거대한 '정상성' 수행의 길이 예상되어 있다. 문제는 경제적 측면뿐만 아니라 사회가 요구하는 '이성애자 남성'의 남성성을 드러내는 행위를 수행해야 할 수도 있다는 점이다. 결혼의 길에는 아마 페미니스트로서는 하고 싶지 않은 일들이 많을지도 모른다. 그럼에도 방법이 없다. 한국에서 결혼은 '둘만 좋다고' 하는 일이 아니기 때문이다.

'정상 가족'은 무엇입니까

한국 사회는 '이성애자+정상가족' 위주로 구성되어 있고, 그 이외에 속한 존재들에게는 여전히 배타적이고 차별적이다. 더불어민주당 진선미 국회의원이 지역구에서 재선을 도전하며 오랫동안 함께 살던 동반자와 혼인신고를 하게 된 이유는 사람들의 눈초리 때문이었다.

> "제가 혼인신고를 안 한 게 성적 정체성 때문이라는 등 별의별 소문이 돌더라고요. … 제 독특한 이력 때문에 오히려 신뢰를 주신 분들도 계셨을 텐데 그걸 저버리는 게 아닌가 고민도 했는데… 생활동반자 법 등 새로운 가족 형태를 고민하는 시도가 현실화되려면 오히려 국회로 들어가야 한다고 생각해 결심했어요."[8]
>
> (《오마이뉴스》와의 인터뷰 중에서)

이 사회는 '평등한 가족관계가 형성되기 전에는 결혼하지 않을 것'이라던 그의 선택을 존중하지 않았다. 심지어 그가 결혼 후에 여성가족부 장관 청문회에서 남편을 '같이 사는 남자'라고 지칭하자, 당시 자유한국당 김순례 의원은 "언어가 적절하지 않다는 지적이 있다. 개인적으로 바람직한 용어 표현이 필요하다고 본다"라고 말한 적도 있다.[9] 국회를 포함해 우리 사회가 결혼하지 않고 '같이 사는 남자' '같이 사는 여자'를 받아들일 수 있을지 의심스러워지는 대목이다. 하물며 동성커플을 인정할 수 있는 기반은 없어 보인다.

왜 어떤 가족은 정상이고, 어떤 가족은 비정상인가.

'가족의 탄생'이 이성애자 남성과 이성애자 여성으로부터 비롯된다는 고정관념이 유지되는 이상, 이성애자 남성에게 자원이 집중되고 그들이 가장을 맡는 체제와 관습도 반복될 수밖에 없다. 무엇보다 현재 한국식 결혼에서는 소위 '시가'의 직간접적 영향력이 막강하고, 이는 가부장적 가족문화를 전승(?)하는 악순환을 만들게 된다.

결혼이 가부장제의 재생산 제도로만 기능하지 않고, 단지 사랑하는 사람과 안정적 관계를 맺는 제도로 자리 잡기 위해선 결혼의 자격을 따지면 안 된다. 여성과 남성, 이성끼리만 결혼할 수 있는 현실 역시 성역할을 고착화시키는 성별 이분법에 기대고 있다. 동성커플의 결합을 허용하면서 결혼은 기존과는 다른 의미를 가질 수 있다.

동시에 결혼이 어렵거나 하고 싶지 않은 사람들의 선택권 역시 존중할 수 있어야 한다. 앞서 말했듯, 현재의 결혼 제도는 사회가 요구하는 온갖 '정상성'을 전부 따라가야만 가능한 일이다. '가족과 가족의 결합'이라는 통념과 '가부장제 리스크'를 부담스러워하는 이들에게도 부부만큼의 사회적 안전망이 제공되어야만, 가족의 개념도 보다 포괄적이고 다양성을 갖춘 모습으로 바뀔 수 있다.

결혼에도 자격이 필요한가요

나는 그동안 '대안적 가족 형태'를 제시하고, '정상가족' 이데올로기에 도전하는 이들에 대한 글을 종종 써왔다. 남성만 가장이고 생계부양자라는 인식과 남성혈족 중심의 가족문화는 여성들을 억압해온 성차별 기제다. 당연히 페미니즘의 과제 중 하나는 '가족의 재구성'이 될 수밖에 없다. 여러 형태의 가족을 통해 '정상가족'을 근간으로 하는 가부장제의 힘을 잃게 만들고, 장기적으로 가족 안에서의 평등한 관계를 지향하는 것이다.

그런 점에서 나의 결혼 계획이 스스로 비겁하다고 느껴질 때가 많다. 다만 이런 한계에 대해 정확하게 인정하되, '평등한 부부' 관계를 만들겠다는 결의를 다지며 발걸음을 옮기려 한다. 결혼이라는 울타리에 들어가더라도, 결혼이 부여하는 '정상성'에만 기대지 않고 '울타리 안'의 범주를 확장하는 데 힘쓸 생각이다.

물론 나의 발걸음도 순탄치는 않을 듯하다. 아직 발조차 제대로 내딛지 못했는데 두렵다. 이전까지 애인과 내가 지나왔던 길에선 둘만 좋으면 아무래도 상관없었다. 그런데 결혼에 이르는 길은 그렇지 않다. 가는 도중에 묻고 답할 사람들이 많아지고, 선택은 복잡하고 지난할 것이다. 무수히 많은 타인이 지나간 길임에도, 내겐 아주 험난하게만 느껴진다.

선택지가 부족한 사회에서는 '평범'과 '정상'을 모두 모사해야 살아남을 수 있는데, 그나마 모사라도 할 수 있으면 다행이다. 그렇지 않은 이들에게 우리 사회는 '달라도 괜찮아'라고 말하지 못하고 있다.

평범하지 않아도, 눈치 보지 않아도, 무언가를 포기하거나 타협하지 않아도 결혼할 수 있는 날은 언제 올까. 결혼을 위해 세상과 불화하지 않으며 적당한 샛길을 찾기 위해 발버둥 치는 것은 우리 세대가 마지막이길, 그래서 하루 빨리 결혼이 온전히 '둘만을 위한' 일로 변화할 수 있길 바란다. 결혼을 하고 싶은데 못 한다거나, 결혼을 위해 기존의 질서에 맞서는 용기를 내는 일이 없어지길 소망한다.

고 변희수 하사의 용기에 응답하지 않은 한국 사회

"그곳은 동성혼이 불법이야."[10]

"수연이 보낸 링크를 클릭하니 한국 군대가 성전환한 군인의 복무를 거부했다는 기사가 뜨고 있었지요. 우리는 지금 제대로 가고 있는 걸까?"[11]

한정현의 단편소설 〈우리의 소원은 과학 소년〉에는 태어날 때 '여성' 성별로 지정되었으나, 스스로를 '남성'이라고 생각하는 미국인 트랜스젠더 메리가 등장한다. 메리는 아빠 존의 재혼을 통해 엄마가 된 한국인 선영의 사랑과 지지를 받으며 성장한다.

2020년, 그가 자신의 연인이자 역시 한국인인 수연과 함께 한국에 가서 산다고 말했을 때, 아빠인 존은 화도 내지 않고 "(한국은) 동성혼이 불법이야"라는 말만 한다. 그럼에도 한국으로의 이주를 결심한 날, 메리는 수연의 울먹이는 목소리를 통해 대한민국 육군이 한 트랜스젠더 군인을 강제전역 시켰다는 소식을 듣게 된다.

만약, 작품 속의 메리가 지금 한국에 와서 살고 있다면 혹시 한국으로 온 것을 진심으로 후회하진 않을까. 그래도 살다 보면 조금은 나아질 줄 알았을 것이다. 엄마 선영이 그에게 "너는 너일 뿐이야. 누구의 딸도 아닌 너"라고 말했듯, 한국 사회도 자신에게 그렇게 말해줄 날이 오리라 기대했을지 모른다.

그러나 실상은 트랜스젠더를 비롯한 성소수자를 내몰고 지우는 사회적 장벽이 너무나 견고하다. 2021년 2, 3월에 트랜스젠더 세 분의 죽음이 알려졌다. 이은용 극작가, 김기홍 퀴어활동가, 변희수 하사. 알려지지 않은 트랜스젠더들도 어디선가 안전하게 살고 있다고 장담할 수 없다. 다른 몸, 다른 정체성을 인정하지 않는 사회에서 이렇게 소수자들이 죽어간다.

육군은 변 하사를 무시했다

특히 변희수 하사의 죽음은 명백한 사회적 타살이다. 육군은 2020년 1월 22일 경기도 한 부대에서 근무하던 변 하사가 성별정정(성전환) 수술을 했다는 이유로 심신장애 3급 판정을 내리고, 강제전역 조치를 결정한다. 이는 국가인권위원회가 차별행위 개연성이 있다며 전날 전역심사를 3개월 연기하라고 한 권고를 무시한 결정이었다.

변희수 하사는 전역 결정이 내려진 날 기자회견을 열고 "성별 정체성을 떠나, 제가 이 나라를 지키는 훌륭한 군인 중 하나가 될 수 있다는 것을 모두에게 보여주고 싶습니다"[12]라고 호소하며 육군본부에 인사소청을 제기했으나, 2020년 7월 육군은 이마저도 기각했다. 결국 전역 처분 취소를 위한 행정소송을 시작해야만 했다.

2020년 12월에는 인권위가 변 하사의 전역 처분이 부당하다며, 육군참모총장에겐 전역 처분을 취소할 것, 국방부 장관에게는 성전환 수술 장병을 배제하는 사례가 발생하지 않도록 관련 제도를 정비할 것을 권고했다. 그럼에도 육군은 "변 하사 전역은 적법한 행정절차를 거친 것"이라며 '권고 불수용' 입장을 밝혔다.[13]

변 하사의 죽음에도 육군은 공식적인 입장 표명을

하지 않고 있다. 심지어 육군 관계자가 한 언론 인터뷰에서 "민간인 사망 소식에 따로 군의 입장을 낼 것은 없다"[14]라고 말한 것이 알려져 논란이 일기도 했다. 이처럼 변 하사의 성별정정 수술 이후, 그에 대한 육군의 태도는 줄곧 '무시'였다. 싫어하거나 적대하지 않았다. 대신 '없는 사람' 취급했다. 변 하사는 충성을 다했던 조직에, 가장 잔인한 방식으로 배신당했다.

비교되는 미국 정부

문제는 육군만이 아니었다. 트랜스젠더 군 복무를 위한 제도 마련에 힘써야 할 국방부, 그리고 청와대는 변 하사의 강제전역 처분에 무관심으로 일관했다.

미국은 달랐다. 2021년 1월 25일, 바이든 대통령은 자격을 갖춘 모든 미국인이 군 복무로 국가에 봉사할 수 있도록 하는 행정명령을 내렸다. 이는 트랜스젠더 군인에 대한 차별을 금지하는 명령이고, 국방부 장관과 국토안보부 장관은 본 명령을 이행하면서 진척 사항을 60일 이내에 보고해야 한다.

> "성 정체성에 근거하거나 성 정체성과 관련된 상황에 따른 비자발적인 분리, 전역 및 재입대 혹은 계속적인 복무 거부를 금지한다. … 간단히 말해서, 트랜스젠더 군인은 더는 성 정체성에 근거한 전역이나 분리의 가능성에 처하지 않게 될 것이다. 또한 트랜스젠더 군인들은 성전환이 완료되고 국방 모병자격 신고체계상 성별이 변경된 후에 그들의 성에 따라 군에서 복무할 수 있으며, 트랜스젠더 군인들은 미군 어디에서나 허용된다는 점을 알아야 한다."[15]

백악관 성명에 따르면 '트랜스젠더 공개 복무로 인한 문제는 없다'는 사실은 2016년 국방부의 요청으로 수행된 종합연구, 2018년 주요 군 간부들의 의회 증언, 전직 미국의무감 등의 발언 등을 통해 증명된 바 있다. 이를 바탕으로 바이든 정부는 '포용적 힘'과 '다양성'이라는 가치를 내세우면서 '트랜스젠더 차별 금지'를 선언한 것이다.

반면 지금까지 청와대는 변 하사의 죽음에 대한 어떤 입장 표명도 없었고, 국방부는 "안타까운 사망에 애도를 표한다"라고 밝혔으나, 정작 중요한 제도 개선에 대해선 아무 말도 없었다.

외면당하는 차별금지법

협오는 단순히 앞에서 공격하고 비난하는 일만을 뜻하지 않는다. '배제'도 협오다. 국회는 성소수자를 배제하고 '투명인간' 취급하는 사회를 바꾸는 데는 관심이 없다. 2020년 국방부 국정감사에서도 변 하사의 강제전역에 대한 문제 제기는 없었다. 국민을 대변한다는 국회가, 정작 변 하사의 용기는 대변해주지 못했다.

심지어 21대 총선 전에는 윤호중 당시 민주당 사무총장이 비례연합정당 추진 계획을 밝히며 "성소수자 문제로 불필요한 소모적 논쟁을 일으킬 수 있는 정당과의 연합에는 어려움이 있다"라는 차별적 발언으로 비판받았다.[16] 그가 지칭한 정당은 고 김기홍 활동가가 비례대표 후보로 있던 녹색당이었다.

또한 14년째 국회에서 논의만 되고 있는 포괄적 차별금지법은 성소수자 차별 철폐를 위해 제정되어야 할 '최소한'이다. 만약 차별금지법이 있었다면, 변 하사의 강제전역 조치가 명백한 차별로 규정되어, 구제받을 수 있는 방법이 더더욱 많았을 것이다.

그럼에도 국회는 침묵하고 있다. 정의당 장혜영 의원이 2020년 6월 대표발의한 법안이 계류 중이고, 민주당

이상민 의원의 평등법 역시 발의가 안 되고 있다. 보수 개신교계의 반발에, 민주당 내부에서 발의를 주저한다는 인상을 지울 수가 없다.

몇몇 민주당 의원들은 변 하사에 대한 추모의 뜻을 밝히며 그에게 미안해했다. 하지만 미안해하는 것으로 그쳐서는 안 된다. 차별금지법은 민주당과 정부가 추진했고, 한때는 민주당의 당론이기도 했다. 그런데 정작 174석의 압도적 힘을 가진 지금에 와서는 외면하고 있다.

인권위는 김기홍 활동가의 죽음을 추모하며 "우리 모두가 더 이상 성소수자의 고통을 외면하지 말아야 한다. 특히 사회적 영향력이 있는 사람의 경우 그 책무는 더 크다"라고 밝혔다. 그렇다면 국회 의석의 5분의 3 가까이를 차지하고 있는 민주당의 책무는 야당에 비할 바가 못 된다. 당장 민주당이 나서야 한다. '나중에'가 아닌 '지금 당장' 말이다.

추모 그리고 낙관

변 하사의 죽음을 통해 한국 사회의 참담한 실체를 목도하게 된다. 사회의 '정상' 규범에 속하지 않으면 모조리

배제하는 곳, 공적인 행위로 소수자에 대한 차별을 아무렇지 않게 행하는 곳, 다양성과 포용 대신 낙인 혹은 지우기의 논리가 더 강한 곳…. 그런 곳에 우리가 살고 있다.

자신이 원하는 성별로 산다고 해서 직업을 빼앗길 이유는 없다. 변 하사가 성별정정 수술을 결정하자 부대원들은 그에게 지지와 격려를 보낸 것으로 알려져 있다. 또한 그의 성별정정 수술은 대대장과 여단장 등에게 보고가 된, 소속부대의 허가를 받은 일이다.[17] 나아가 수술을 위한 출국은 육군참모총장에게도 보고됐다. 그럼에도 그는 하루아침에 자신이 원하지 않았던 '민간인'이 되었다.

BBC 보도에 따르면 전 세계에 약 9000여 명의 트랜스젠더 군인[18]이 있다. 한국에는 한 명도 없다. 누가 한국을 명실상부한 '선진국'이라고 이야기하나. 성소수자에게는 삶의 안전을 보장받지 못하는, '죽음'을 각오하고 살아야 하는 나라인데 말이다.

앞서 말한 한정현의 소설 〈우리의 소원은 과학 소년〉에서는 이야기 속 또 다른 이야기가 등장한다. 선영이 메리에게 전해주는 일제강점기의 퀴어 서사다. 간호사 안나와 '남장 여자'였던 연애소설가 경준(경아)은 동성 연인들의 자살 소식이 이어지던 당시 사회에서, 제대로 사랑하지 못한 채 헤어진다.

하지만 이후 안나는 결혼과 이혼을 거치고, 경준은 군 '위안부' 피해를 겪은 뒤에 재회하게 된다. 결국 그들은 "우리가 우리로 존재할 수 있는 곳"을 찾아 미국으로 향한다. 그리고 배 위에서 "이름을 기억할 것" "낙관할 것"[19]이라고 말하며 미래에 대한 작은 희망을 가진다.

절망에 빠진 성소수자들과, 그들과 연대하는 모든 시민들 앞에서 감히 '낙관'을 말하기란 쉽지 않다. 그럼에도 함께 살아야 한다. 살고 싶다. 그래서 어딘가의 경계 혹은 외국이 아닌, 우리가 살고 있는 한국에서도 '낙관'을 말할 수 있기를 바란다. 우리 사회가 변희수 하사의 삶이 틀리지 않았음을, 그의 용기가 소중했음을 증명하는 과정으로 나아가길 간절히 소망한다. 고인의 명복을 빈다.

세상과 불화하는 몸

얼마 전부터 다이어트를 시작했다. 애인을 만날 때만 탄수화물을 섭취하고, 일반적으로는 샐러드, 하루견과, 닭가슴살, 과일, 달걀, 제로코크 등을 먹고 있다. 과자, 아이스크림, 젤리 등 내가 사랑하는 것들을 안 먹으니 허전하지만 살은 당연히 빠지고 있다.

수년 전부터 잠이 안 와서 뒤척이는 날에는 유독 내 몸에 대한 혐오감을 강하게 느꼈다. 내 몸이 불편해서 뱃살을 잘라내고 싶다는 생각까지 할 때도 있었다. '정상성'을 탈피하자는 말을 하고 다니면서도, 나는 끝내 '건강한 남성의 몸'을 바라는 마음을 버리지 못했다. 살이 쪘다거나, 듬직하다거나, 통통 혹은 뚱뚱하다거나, 그런 말을 일절 안 듣는 아주 평범한 '정상 범주' 남성의 몸을 갖고 싶었다. 어떤 공간에서 '내가 제일 살이 쪘구나' 하는 느낌은 종종 견딜 수 없을 만큼 수치스러웠다.

살아오면서 '몸'을 긍정적으로 여긴 적이 없다. 다이어트에 성공해서 유지했던 잠깐의 시기들을 제외하고는 유년시절 이후 내게 '몸'이란 언제나 정상으로, 좋은 모습으로 되돌려야 하는 숙제에 가까웠다.

남성임에도 남성의 몸을 충분히 활용하지 못하는, '루저' 취급을 받은 적이 많다. 체육 시간, 군대, 수많은 단체 활동에서 나는 소위 남성다운 모습을 보인 적이 드물다. 날렵하거나 힘이 세지도 않은, 장점이 없는 몸을 가지고 있었다. 그래서 쉽게 다른 남자들과 우정을 맺지도 못했고, 주변에서 어색하게 맴돌았다.

아마도 유년시절의 '살찐 몸'과 그로 인해 위축된 채로 살아온 시간이 생애 전반에 영향을 미친 게 아닌가 싶다. 분명 '돼지'라는 멸칭으로 놀림을 받으면서도 남성 집단에서 환호받는 이들이 있다. 싸움이나 운동을 잘하거나, 사교적이든가, 유머러스하든가. 나는 어느 쪽도 아니었다.

살면서 타인을 때린 적이 딱 두 번 있다. 중학교 1학년 때는 나를 무시하거나 괴롭히는 학우 중 가장 만만한 애에게 주먹을 날리고 눕힌 채로 때렸다. 그다음 해에는 기말고사 당일 아침에 나를 1학기 내내 괴롭히던 학우의 얼굴을 주먹으로 쳤다. 상대는 싸움에서 이길 수 없을 정도로 힘이 좋았고 나는 한참을 맞았다. 하지만 그는 시험이 끝난 후 내게 "미안하다"고 했다. 2학기부터 나를 괴롭히는 학우는 한 명도 없었다. '싸울 수 있는 몸'을 가졌다는 것을 입증하는 순간, 나는 '진짜 남성'으로 인정받은 것이다.

직장인이 되어서 몸으로 차별받은 일은 거의 없었다. 적어도 표면적으로는. 비교적 특출난 신체 능력이 요구되지 않는 직업을, 정확히 이야기하자면 '남성적이지 못하다'는 것을 의식하지 않아도 되는 직업을 가졌다. 하지만 여전히 남 앞에서 몸을 쓸 때는 어색함을 느낀다. 누군가가 나의 몸을 보기만 해도 불쾌감을 느낄 수 있다는, 나아가 주류 남성 기준에서 '관리가 안 된 몸'처럼 보이면 불이익을 얻을 수밖에 없다는 사실을 잘 알고 있다.

여성의 몸은 '표준'이 아니다

—— 아마 여기까지 읽으신 독자들은 의문을 품을 것이다.

'네가 왜?'라고 되물을지도 모르겠다. 나는 흔히 말하는 '비장애인 남성' 범주에 속해 있다. 한국 사회의 기득권 남성들과 같은 몸뚱어리를 지니고 있다. 어쨌든 남성의 겉모습은 지위가 높아지고 나이가 많아질수록 그리 중요하지 않다. 많은 남자들이 "외모는 중요하지 않아, 남자는 능력이 중요하지"라고 말한다. 실제로 성인 남성을 평가하는 주된 방식은 직업이나 직위나 사회경제적 능력이고 얼굴·키·몸무게 등 '몸'으로 그 위치가 규정되는 일은 흔치 않다.

즉 남성 몸의 '정상' 범주는 상당히 넓다. 왜냐하면 다양한 사회적 요소에 의해 몸의 약점이나 비정상성이 상쇄될 수 있기 때문이다. 반면 여성은 대통령이든, 국회의원이든, 기업 CEO든 몸이 중요한 평가 요소 중 하나로 작용한다. 남성 정치인이 엉망인 꼴을 해도 아무 관심도 없던 이들이, 여성 정치인의 외모나 복장에 대해서는 한바탕 논평을 늘어놓는 경우를 우리는 너무 많이 봐왔다.

남성에게 몸은 하나의 약점에 불과할 때가 많다. 하지만 여성의 경우 '몸'만 부각되는 상황에 자주 놓인다. 남성 중심 사회에서 여성의 몸은 '남성이 원하는 대로' 존재하길 요구받는다. 특히 '성애의 대상'이 되는 젊은 여성에게는 거슬리지 않는, 보기 좋은 몸을 요구하는데 그 기준이 명확하지도 않다. 눈이 크면 큰 대로, 작으면 작은 대로, 마르면 마른 대로, 뚱뚱하면 뚱뚱한 대로, 키가 크면 큰 대로, 작으면 작은 대로 비난한다. 즉, 몸의 가치가 어떤 기준에 의해서가 아니라 오랫동안 사회가 당연시해왔던 '남성적 시선' 속에서 제멋대로 규정된다는 것을 의미한다.

'보기 좋은 몸'이라는 말에는 여성의 몸이 누구의 시선으로 규정되는지, 어떻게 가치를 부여받는지에 대한 함의가 들어 있다. 즉, '남성이' 보기에 좋은 몸을 뜻한다. 여성들은 몸을 최대한 관리하고 꾸미거나, 몸이 부각되지 않게(성애화되지 않도록) 하는 쪽을 택해야 할 뿐이다.

단순히 평가를 받고 안 받고의 문제만도 아니다. 나는 '정상'에 부합하지 않는 내 몸을 대하는 이들의 무례함에 모멸감을 느껴왔다. 그렇다면 남성의 몸을 기준으로 만들어진 사회에서 여성들의 삶은 끊임없는 '모멸감'의 반복이 될 수밖에 없지 않을까.

월경과 월경통은 왜 가시화되지 않는가. 월경휴가는 왜 눈치 보면서 써야 하나? 출산의 위험과 책임이 전부 여성에게 있는 상황인데, 임신 중단은 왜 수십 년 동안 그저 '낙태'로 불리며 범죄로 남아 있었나. 왜 출산이 경력 단절의 이유가 되어야 하나? 여전히 '엄마'가 돌봄과 육아에 적합하다고 말하면서, 기업에선 왜 임신·출산·육아에 이르는 전 과정에서 여성을 '효율성 떨어지는 존재'로 취급하는가?

만약 '노동자'와 '시민', 나아가 사람의 표준을 여성으로 삼을 수 있다면, 산업 구조와 삶의 방식이 전부 재편될 수밖에 없다. 남성을 핵심 노동자로 삼고, 여성은 그를 뒷받침하는 '가정주부'로 여기는 가부장적 자본주의의 속성이 완전히 무너지게 된다. 처음부터 표준으로 존재하던 여성들은 '배려'라는 이름의 배제를 당하지 않아도 되고, 여성의 몸에서 일어나는 일들은 더 이상 '변수'가 아니라 '상수'로서 공적인 문제로 다뤄지게 된다. 여성이 자신의 몸을 삶의 불안과 방해 요소로 생각하게 되는 일은 없게 될 것이다.

하지만 현실에서 여성의 몸은 남성의 몸과 '평등하게' 대우받는 것조차 어렵다. 무엇보다 자신의 몸이 언제 어디서나 남성에 의해 대상화될 수 있으며, 많은 남성이 여성의 몸에 대한 침범과 지배까지 시도하는 현실에 절망하게 된다.

나는 내 몸에 대한 편견과 차별로 겪은 고통을 경유해, 여성의 몸에 가해지는 전 생애적 압박에 대해 고민해보고자 한다. 그러나 여성의 몸 자체가 삶의 안정을 위협하는 '불안 요소'가 되고, 그것이 어떠한 신체적 특징과 결합되었을 때는 이중 삼중의 배제가 일어난다는 점에서 내가 감히 상상 가능한 영역일지도 의심스럽다.

밀려나는 '몸'들

소수자의 몸에 대해서 한국 사회는 지나칠 정도로 차별적이다. 올해 2월 10일 있었던 전국장애인차별철폐연대(전장연)의 이동권 시위에 대해 서울교통공사는 "당고개역에서 장애인단체가 시위를 하고 있어서 열차가 지연 운행되고 있다"라는 안내방송을 했다. 묘하게 '탓'을 한다는 느낌이 들었다. 시위라고는 하지만 60여 명이 조를 나눠 열차에 타서 몇 개의 역에서 타고 내리는 일을 반복하는 게 전부였다. 60여 명의 장애인이 타는 것만으로 마비가 되어버리는 상황은 지하철이 '비장애인 시민'만을 위한 이동 수단임을 똑똑히 보여줬다.

서울시의 23개 역에는 아직 엘리베이터가 설치되지 않았고, 여전히 위험한 리프트가 존재한다. 그런데 서울시는 올해 예산에서 엘리베이터 공사에 드는 비용은 포함하지 않았다. 서울시는 전장연의 담당자 면담 요청에도 답이 없었다. '우리도 시민이다'라는 것을 보여줄 수밖에 없는 상황 아닌가.

많은 사람이 장애인의 인권이나 이동권을 '도와주는 것' 정도로 여긴다. 지난 이동권 시위에 대한 한 기사[20]의 베스트 댓글은 "이러면 시민이 불편할까 지하철공사가 불편

할까 시민들이 잘도 편들어주겠다. 하나만 생각하고 둘은 모르는 사람들… 쯧쯧"이었다. 한마디로 '처신 잘하라'는 식의 협박이나 다름없다. 장애인의 몸은 그들의 행실에 의해 부정당하거나 무시당하고, 비가시화해도 괜찮은가?

장애인의 몸은 손상된, 어딘가의 기능이 부족하거나 부재한 상태라고 흔히들 말한다. 그런데 이들이 '장애'인이 되는 것은 무언가를 할 수 없도록 차별받기 때문이다.

장애인 이동권 투쟁에 앞장선 김도현 활동가는 《장애학의 도전》에서 "장애인은 '장애인이기 때문에 차별받는 것이 아니라 차별받기 때문에 장애인이 된다'고 말할 수 있다. 손상을 지닌 무능력한 사람이라서 차별받는 것이 아니라, 차별받기 때문에 무언가를 할 수 없는 사람이 되는 것이다"라고 말한다.[21] "특정한 사회와 특정한 관계 속에서만 손상이 장애가 되기" 때문에 사회의 차별과 억압에서 장애의 해결 방법을 찾아야 한다고 그는 주장한다.

그런데 비장애인들은 장애인들의 '다양한 몸'을 쉽사리 상상하지 못하고, 이들이 겪는 차별과 억압에 대해서도 매우 단순하게 이해한다. 부끄럽지만 나도 그런 비장애인들 중에 한 명이지 않을까. 한국 사회는 장애인들이 비장애인과 함께 생활하고 있다는 감각을 체득하기 어렵다. 그들이 비장애인과 동등하게 사회활동을 하거나 이동할 수 있는 구조가 전혀 갖춰지지 않았기 때문이다.

비장애인만 존재하는 것 같은 사회에서 장애인이 무언가를 할 수 없는 존재라는 편견은 강화되고, 그들의 불편은 '어쩔 수 없는' '당연한' 일처럼 여겨진다. 그러면서 장애인의 성취는 '장애를 극복'했다는 말로 치켜세운다. 이는 장애의 해결을 매우 사적인 방식에 있는 것처럼 왜곡하는 동시에, 장애를 불완전하고 '극복해야 하는' 상태에 있는 것으로 묘사한다는 점에서 문제다. 이처럼 비장애인 중심의 사회는 장애인을 애초에 '장애인은 그저 장애인'이라는 관점에서만 바라보므로, 장애인이 마주한 문제를 해결하기 위해 노력하지도 않는다. 장애인을 아예 '논외'의 몸으로 둔다.

비슷한 맥락에서 나는 질병인들을 '회복해야 할' '관리가 덜 된' 존재로 보는 것도 반대한다. 《아파도 미안하지 않습니다》의 저자 조한진희 활동가가 제시한 질병권의 개념은 간단히 말하자면 아파도 괜찮을 권리다. 건강이 전부라는 말이 통용되고 실제로 건강을 잃으면 다 잃은 것처럼 여겨지는 사회에서 조한 활동가는 "회복되지 않는 아픈 몸으로도 어떻게 온전하고 행복한 삶을 누릴 수 있을 것인가라는 고민"에서 질병권을 말하기 시작했다고 한다.[22]

질병은 흔히 숨겨야 되는 것으로 여겨진다. '온전한

몸'이 아니라는 사실은 무엇보다 노동자로서의 가치를 떨어트리기 때문이다. '일하기 적합하지 않은 몸'이 된다고 여겨지므로 노동시장에서 배제되는 경우가 부지기수다. 이러한 분위기는 청년들이 정신과 진료를 기피하는 원인과도 일맥상통한다. 정신과 진료 기록이 취업에 불이익이 될까 봐 걱정하기 때문이다(실제로는 개인정보이기 때문에 열람할 수 없다). 또한 감염병(코로나19, 에이즈 등)의 경우 감염됐다는 이유만으로 사회적 비난에 직면하기도 한다. 물론 어떤 질병을 치료할 수 있다면 상관없다. 문제는 쉽게 완치되지 않는 만성적인 질병을 앓을 때다.

이런 경우를 회복이 안 됐다거나 생산성이 낮은 상태로 규정할 게 아니라, 이 상태 역시 삶의 정상적 시기로 보는 것이 질병권의 관점이다. 이를 위해선 아픈 몸으로도 일할 수 있고, 동시에 치료를 위해 일할 수 없는 시기가 있다는 것도 인정돼야 한다. 적어도 질병인들이 스스로를 질병 그 자체처럼 여기고, 그래서 유예되거나 밀려난 상태로 살아야 하는 상황을 막기 위해서다.

'정상'의 몸은 무엇입니까

한편 당사자가 장애나 질병이 아니라고 하는데도, 함부로 장애나 질병으로 규정되는 몸이 있다. 트랜스젠더다. 우리 육군은 트랜스젠더를 '장애'가 있는 것으로 간주해왔다. 현역 군인 신체검사에 쓰이는 '질병·심신장애의 정도 및 평가기준'에서도 트랜스젠더를 '성 주체성 장애'로 분류했다. 다행히 올해 2월 1일에서야 '성별 불일치'로 표기를 바꿨으나, 그것뿐이다.[23]

육군은 트랜스젠더로서 '성별정정 수술'을 한 고 변희수 하사에 대해서 음경 상실과 고환 결손으로 '심신장애'에 해당한다며 강제전역 조치를 내렸고, 2020년 12월 인권위의 '전역 처분 취소' 권고에도 불수용 입장을 밝혔다. 앞서 김도현 활동가의 "차별받기 때문에 무언가 할 수 없는 사람이 된다"라는 말을 육군이 정확하게 증명해준 것이다.

트랜스젠더는 지정성별과 다른 성별(여성과 남성에 속하지 않는 논바이너리 포함)로 살면서, 일상부터 사회활동 전반에서 차별을 겪고 있다. 이것을 장애나 정신질환(세계보건기구는 2019년에 개정한 '제11차 국제질병분류'에서 트랜스젠더 정체성을 정신장애에서 제외했다)으로 규정하며 '혐오'하는 이들과 마주해야 함은 물론이고, 끊임없이 'ㅇㅇ답지 못하다'는 교정이나 지적의 대상이 되기도 한다.

몸의 '정상성'에 의문을 제기하고 틀을 부수는 대가로 이들이 치르는 고통은 너무나 극심하다. 인권위가 숙명여자대학교 산학협력단과 함께 조사한 〈트랜스젠더 혐오차별 실태조사〉 보고서[24]에서는 "트랜스젠더는 삶의 모든 영역에서 심각한 차별과 혐오를 겪고 있음이 드러났다"라고 밝혔다. 조사 결과에 따르면 신분증이나 주민등록번호를 제시하는 상황에서 부당한 대우를 받을까 봐 병원 등 의료기관 이용(21.5%), 성인인증 필요한 술집 방문(16.4%), 선거투표 참여(10.5%) 등을 포기한 경우가 있었다.

구직 활동 경험이 있는 469명 중 268명(57.1%)이 성별 정체성과 관련하여 구직을 포기한 경험이 있었으며, 구직·채용 과정에서 외모 등이 남자 혹은 여자답지 못하다는 반응(48.2%)을 들었다고 밝혔다. 이들 중에는 가족들로부터도 배제당한 경우가 많다. 본인이 트랜스젠더라는 것을 가족들이 알고 있는 경우, 가족들은 모르는 채 하거나(56.6%), 본인이 원하는 성별 표현을 못 하게 하거나(44.0%), 언어적 폭력(39.4%), 신체적 폭력(9.9%)을 행사하거나, 집에서 내쫓은 경험(9.4%)도 있었다.

응답자 중 85.2%가 지난 1년간 '차별 경험이 있다'고 응답했으며 트랜스젠더 정체성 또는 성별 표현 때문이라는 응답은 65.3%나 됐다. 특히 이들 중 숙명여자대학교 트랜스 여성 A 씨 입학 포기에 따른 트랜스젠더 혐오 표현으로 힘들었다고 말한 이들은 91.5%나 됐다.

트랜스젠더가 겪는 이와 같은 고통은 한국 사회가 '다양한 몸' '다른 몸'을 얼마나 배격하려고 하는지 보여준다. 동시에 트랜스젠더를 포함해 정상 규범에서 벗어나는 몸을 가진 이들이 한국에서는 안전하게 존중받으며 살기 어렵다는 것을 드러낸다.

자신이 태어난 상태에서의 성별, 혹은 겉으로 보이는 성별대로의 남성성 혹은 여성성을 수행하지 않는 몸은 '사회적으로 통제되지 않는 몸'으로 간주된다. 이들은 젠더의 범주를 확장시키는 존재임과 동시에 이성애 중심의 가부장제를 위협한다. 누가 남성인지 여성인지가 명확하지 않으면, 성별 이분법에 의해 유지되는 남성 지배 체제도 흔들릴 수밖에 없다. 우리가 '불변'으로 인식하고 있는 현재의 성별 체계에 균열을 일으키고 불화하는 몸이기에, '정상'의 몸들로부터 끊임없이 존재를 부정당하며 고통을 겪는다.

어떤 몸의 모습이 정상인가, 어떤 몸의 상태가 표준인가, 우리 사회는 누구를 중심으로 설계되었나를 돌아본다는 점에서 장애인권과 질병권 그리고 트랜스젠더의 인권은 페미니즘과 함께 갈 수밖에 없다. '건강한 표준 체격의 비장애인 남성 이성애자'가 아닌 수많은 몸들이, 사회적 속박을 하나하나 끊어낼 수 있게 만드는 그런 페미니즘을 실천하고 싶다.

차별을 당연하게 만드는 단어들

ㅇㅇ맘

'피파온라인'이라는 게임을 종종 하면서, 프로게이머들의 유튜브도 즐겨본다. 그런데 최근 게이머들 사이에서 'ㅇㅇ맘'이라는 말이 많이 나온다. 알고 보니 (자신이 값비싼 게임 머니를 주고 산) 특정 선수를 무조건적으로 옹호하면서, 게시판이나 스트리밍 방송의 분위기를 흐리는 이들을 일컫는 말이었다. '특정 선수+맘(엄마)'의 이름을 합쳐 '날두맘(호날두)' '제비맘(에우제비우)' '크포맘(크레스포)' 등으로 쓰인다.

ㅇㅇ맘이 가장 대중적으로 쓰였던 경우는 이승우 선수의 팬들을 일컫는 '승우맘'이었다. 이승우 선수가 아시안게임에서의 활약으로 인기를 얻고 여성 팬이 늘어나자, 남초 커뮤니티에서는 그들을 비하하기 시작했다. '이승우 얼굴'만 보고 팬이 된, 축구에 대해서는 모르면서 '이승우를 왜 경기에 기용 안 하냐'고 항의만 하는 무지한 존재로 취급했다.

'맘충'이라는 말이 한국 사회에 어떤 부정적 영향을 끼쳤는지는 'ㅇㅇ맘'이라는 말의 등장에서 증명된다. '충'이라는 명백한 비하 단어를 뺐을 뿐, 쓰임새는 동일하다. 그런데 'ㅇㅇ맘'이라는 말을 쓰는 이들은 '맘'을 붙이는 게 왜 문제인지도 모른다. 그들은 '엄마'를 부정적으로 말하는 게 아니라, 일부 극성팬 혹은 '어그로꾼(도발 혹은 시비를 거는 사람)'을 놀리는 말이라고 주장할 것이다. 심지어 피파온라인에서 사용하는 'ㅇㅇ맘'은 여성들을 향한 공격도 아닌데, 뭐가 문제냐고 할 수도 있다. 그런데 반대로 생각하자면 '맘'이라는 단어를 붙이지 않고도 충분히 이야기할 수 있는데, 굳이 왜 '맘'을 붙일까?

어느 순간부터 '엄마'라는 말에 아이가 무엇을 하든 감싸고 돌보는, 비이성적이고 비합리적인 이미지가 덧씌워졌다. 이 세상의 모든 엄마들은 단일한 정체성을 가진 이들이 아니고, 자신의 아이가 있다는 점을 제외하면 아무런 공통점도 없다. 그런데도 감히 '맘'이란 말을 놀림과 조롱의 의미로 사용하는 상황은 '엄마 멸시'가 만연해 있다는 것을 상징한다. 이는 요즘 애들만의 문제가 결코 아니다. 출산 후 여성의 일자리를 끊거나 임금을 차별하고, 여성의 돌봄과 양육을 '부수적인 일'로 취급하면서 발생하는 '젠더 격차', 즉 기혼 여성이 무시당하는 환경이 고스란히 혐오와 배제의 말로 되돌아온 것이다.

여러 혐오 단어 중에서도 'ㅇㅇ맘'은 사용하는 데 부담이 덜한 편이다. '니애미' '엄×' '맘충' 같은 단어는 명백한 비하의 뜻이 드러나 있기 때문에, 적어도 '쓰지 말아야 한다'는 공감대는 형성돼 있다. 하지만 'ㅇㅇ맘'은 일종의 드립처럼 여긴다. 사실 'ㅇㅇ맘'뿐만 아니라 상황을 간단하거나 재미있게 설명하려는 욕망이 담긴 말들은 직관적이고 익숙한 차별과 배제의 논리를 담고 있을 때가 많다. 하지만 우리는 쉽게 인지하지 못한다.

노키즈존

얼마 전 좋아하는 한 숙소에서 SNS에 '노키즈존'이라고 명시한 걸 보고 속이 상했다. 여러 면에서 아이가 드나들기에 적합하지 않은 곳이긴 하다. 비교적 조용한 분위기에서 공동 거실을 쓰는 게스트하우스이며, 아이를 위한 편의 시설도 부족했다. 그럼에도 아무 설명 없이 '노키즈존'이라고 선언한 것은 아쉬웠다.

아이가 있는 것이 시끄럽다거나 혹은 뜨거운 음식을 판다는 얼토당토않은 이유로 '노키즈존'을 만드는 것은 전혀 이해할 수 없다. 하지만 안전 문제 등으로 아이의 출입을 부득이하게 막을 수밖에 없는 곳들도 있다고 생각한다. 물론 이 부분을 자의적으로 판단할 수는 없다. 인권위는 '노키즈존 식당'에 아동을 차별하지 말 것을 권고하면서 신체적·정신적 건강에 유해하거나 시설 이용 시 특별한 능력이나 주의가 요구되는 경우가 아닌 경우엔 특정 집단만을 배제할 수 없다고 밝혔다. '노키즈존'은 최소한이어야 한다는 이야기다.

그런데 '노키즈존'이라는 말이 생겨나면서, 너도나도 가게 입구에, SNS 공지에 '노키즈존'이라는 말을 써 붙이기 시작했다. 적어도 아이의 출입을 막으려면 그에 맞는 합당한 설명이 필요하다. 하지만 가게들은 대부분 그 이유는 생략한 채, '노키즈존'이라는 딱 한 단어로 아이들의 출입을 금지했다. 부득이한 결정이라며 최소한의 양해를 구하는 가게 역시 거의 찾아볼 수 없었다. 마치 아이는 시끄럽고 문제적인, 그래서 영업에 피해를 끼치는 존재라는 전제가 당연히 깔려 있는 듯했다. '노키즈존' 확대에 대한 의견을 물어본 리얼미터 조사에서 찬성 54%, 반대 36%라는 결과가 나온 것도 이러한 분위기에 한몫했을지 모르겠다.

과거에는 '노키즈존'이라는 말이 없었고, 아이들의 출입을 금하는 곳도 그만큼 없었다. '노키즈존'이라는 말이 널리 알려지고, 소위 진상 부모들의 에피소드가 SNS를 타고 퍼지면서 아이들을 향한 혐오와 배제는 힘을 얻었다. 구구절절 사정을 설명할 필요 없이 '노키즈' 한마디면 괜찮게 된 것이다. 어떤 집단을 배제하는 일을 간편하게 설명할 도구가 생긴 셈이다.

식당이나 카페에 피해를 끼쳤다는 이유로 집단 전체가 배제당하는 것은 '어린이'밖에 없다. 갑질과 온갖 행패는 대부분 성인이 저지른다. 그런데 우리가 배제하는 것은 어린이 뿐이다. '노중년존' '노아저씨존' 아무도 그런 걸 정해놓지 않는다. 만약에 누가 중년 남성의 출입을 금하는 단어를 써 붙였다면 아주 길게 해명해야 할지도 모른다. 하지만 '노키즈존'에 대해서는 설명을 요구하지 않는다. 차별하고 배제해도 된다는, 자연스럽고 보편적인 혐오를 기반으로 한 용어이기 때문이다.

'노키즈존'이라는 말은 차별을 당연하게 만든다. 하

지만 그렇다고 차별이라는 사실이 사라지는 것은 아니다. '노키즈존'은 어린이에 대한 차별이며, 남성에 비해 돌봄과 양육 시간의 비중이 훨씬 높아 대체로 가정에서 주양육자 역할을 하고 있는 여성들에 대한 차별이기도 하다. '노키즈' 처럼 간단하게 상황을 설명하고 해결하려는 단어가 없었다면, 어린이의 출입을 막는 조치가 차별 행위 인지의 여부에 대해서 숙고하는 이들이 더 많았으리라.

빚투

____ 특정 상황을 짧고 간명하게 설명하기 위해 비유나 패러디 형태의 단어가 나오기도 하는데, 이러한 말들은 언론사에서 적극적으로 유포하는 경우가 대부분이다. 하지만 '혐오'의 의미를 담고 있거나 원단어의 맥락을 소거할 가능성 역시 크다.

이를테면 '빚투'라는 말은 미투 운동의 성폭력 고발에 빗대어 '빚 고발'이라는 뜻으로 언론사들이 주구장창 썼다. 그런데 '미투'는 단순한 성폭력 고발을 넘어서서, 남성화된, 남성 중심의 사회에 저항하는 '지지와 연대의 운동'이다. 동시에 '미투(나도 고발한다)'는 그간 남성이 성폭력을 저질러도 '괜찮은' 구조 속에서, 여성들이 일상적 성폭력을 경험하고 있었다는 걸 입증하는 말이기도 하다. '미투'와 '위드유'가 함께 갈 수밖에 없는 이유다.

그런데 '빚투'라는 말은 유명인의 채무 폭로, 그 이상 그 이하도 아니다. 성폭력 고발 운동의 명명이 왜 '미투'가 됐는지 조금이라도 고민했다면 '빚투'라는 말은 나올 수 없었다. 나를 뜻하는 'me'에 '빚'을 넣었다는 사실은 이 단어가 애초에 '입에 붙는' 것만을 위한 신조어라는 것을 보여준다.

심지어 최근에는 '빚투'가 '빚내서 투자'라는 의미로도 쓰인다. 빚내서 투자라는 의미로 쓰이는 것은 줄임말이니까 괜찮다고 생각하는 이들도 있겠지만, 이것 역시 '미투'라는 말이 없었으면 쉽게 줄임말이 되지 않았을 것이다.

'빚투'가 담고 있는 두 가지 의미 중에, 전자는 고발하는 주체를 지우고 후자는 아예 줄임말이 됐다. 미투 운동의 가치에 대해서 고민하기도 전에, 미투 운동의 가치를 축소하는 패러디식 신조어가 언론에 의해 만들어진 셈이다. 누가 고발했는가, 왜 고발했는가, 왜 '미투'로 명명됐는지 맥락을 소거한 채로 용어만 남긴 셈이 됐다.

많은 의미를 담고 있는 단어를 오히려 제한된 의미로만 해석해서 패러디하는 행태가, 진보 진영 인사들이 '미투'를 조롱하는 현실과 무관하다고 볼 수 있을까. 박원순,

박재동의 성폭력 의혹에 대해서 '가짜 미투' '기획 미투' 운운하며 일부 진보 진영 인사들이 여전히 '공작의 관점(김어준)'을 취하는 모습은 한국 사회가 미투가 갖고 있는 의미를 충분히 사유하지 못했음을 의미한다.

주린이

―― 최근 언론에서 가장 많이 쓰이는 말 중 하나는 '주린이'다. 주식 초보자들을 친근하게 이르는 말로 시도 때도 없이 사용된다. 그런데 왜 하필이면 어린이일까. 어린이는 '초보'라든가, 열등하거나 미성숙한 상태를 뜻하는 단어도 아니고, 실제로 그들이 그런 특성을 지니고 있지도 않다. 그런데 '주린이'는 주식에 대한 지식이나 관점이 부족한 사람을 일컫는다.

어린이는 삶에 있어서 혹은 교육단계에서 기초를 밟아나가는 상태니까 '주린이'라는 단어에 문제가 없다고 항변하는 이들도 있다. 하지만 그건 어른이 어린이를 보는 단편적인 관점에 불과하다. 어린이의 삶은 '나아가야 하는 상태'가 아닌 그 자체로 인정받을 필요가 있으며, 특정 분야에서는 어른보다 능력이 뛰어난 어린이가 있기도 하다. 몸이 성장하는 단계에 놓인, 그러니까 단지 '나이가 어릴 뿐인'

이들에게 왜 어른들은 '초보' '미숙' '불완전한'이라는 딱지를 붙이는가.

무엇보다 '주린이'를 비롯한 'ㅇ린이'라는 표현은 보통 '배워야 할' '교육받아야 할' 존재로 호명된다. 즉 '고수-어른' '초보-어린이'의 공식이 성립된다. 어른은 '미성숙한 어린이를 훈육해야 한다'라는 현 사회의 인식이 고스란히 반영된 말이 아닐 수 없다. 성인과 '동등한 권리'를 갖고 있는 개인으로서의 어린이는 존재하지 않는 것일까?

아동학대와 아동차별의 맥락은 다르지 않다. 한국 사회가 어린이를 관리하고 통제해서, 어른으로 키워야 할 존재로만 여기는 이상, 어린이에 대한 존중이 자리 잡을 곳이 없어진다. 그 자리를 되레 폭력이 차지할 가능성이 높다. 흔히들 아동차별이 어디 있느냐고 말하지만, 숱한 아동학대가 어린이들이 약자이며 차별받는 존재라는 것을 나타낸다. 무지하고 미성숙한 상태로 취급하며 훈육하는 것이 '보호'나 '존중'이 아니라는 것을 우리 사회가 이제는 알 때가 되지 않았나. 그런 점에서 '주린이'라는 시대착오적인 말을 더 이상 언론에서 쓰지 않았으면 하는 바람이다.

누구의 관점에서 만들어진 단어인가

신조어나 약어는 시대상을 반영한다. 나는 네 개의 단어를 통해 우리 사회에서 누가 혐오의 대상이 되고, 그로 인해 어떻게 '맥락이 소거 당하는지' 잘 알게 되었다. 여성, 아동, 아동을 양육하는 여성은 쉽게 일반화되고, 쉽게 주체의 위치를 빼앗긴다.

입에 잘 붙는 말은 위험하다. '혐오 단어'가 아닐지라도 한번쯤 다시 생각해볼 여지는 있다. 그런 말들은 한국 사회에서 '보편' 행세를 하고 있는 성인 남성의 관점이 반영됐을 가능성이 높기 때문이다. 특히 언론사에서 많이 쓰고 있다면 더더욱. 세상에는 짧고 직관적인 단어로 설명할 수 없는 것도, 설명해서는 안 되는 것도 많다.

강자의 글쓰기, 남성화된 글쓰기

요즘 가장 고민하고 있는 지점은 '남성화된 글쓰기' 관습이다. 좋아하지 않는 글쓰기 방식 중에 하나가 글 쓰는 사람의 정체성을 숨기고 '보편적 주체'로서 떠드는 것이다. 전지적 관점에서 '객관'을 표방하면서 쓴 글들이 더 이상 과거처럼 멋지게 여겨지지 않는다.

나는 원래 무엇이든 논평하길 좋아하는 사람이었다. 표면적으로는 누구에게나 말할 자격이 주어진 인터넷 공간을 이용해 얕은 지식을 갖고도 부끄러운지 모르고 끊임없이 세상사를 논평했다. '이것은 맞지 않는 이야기고, 이것은

현실적으로 어렵고, 이것은 무책임한 행동이다….'

실제로 삶에서 '논평할 줄 아는 능력'을 평가받은 적도 많았다. 노무현 정부 당시 대학 입시에서는 논술이 중요한 수시 전형의 일부였고, 언론사 입사 시험에서의 논술은 결국 어떤 사실에 대해 논평을 잘해야 하는 것이었다.

논술의 핵심은 사건에 대해 객관적이고 논리적으로 서술하는 것이다. 그런데 여기서 '객관성'이라는 요소가 특이하다. 개인의 생각이 어떻게 객관적일 수 있겠는가? 어쨌든 형식적으로는 '사견'처럼 보이지 않게 이러저러한 근거를 잘 붙여서 논리적으로 글을 전개하는 게 논술의 핵심이다. 물론 실제로 기사를 쓸 때 그러한 스킬이 필요하므로, 언론사 입사 시험에 논술이 포함되는 것을 마냥 부정적으로 보긴 어렵다. 다만 한 사회에 대해 이야기하는 전형적인 방식이 논술로 굳어지면 안 된다는 생각은 든다.

'나'라는 개인이 드러나지 않는 글, '보편'의 위치로 올라가서 규정하고 심판하는 글이 어딘가 이상하다고 느낀 것은 페미니즘과 관련한 글을 쓰면서부터였다. '엄근진'한 태도로 남성문화를 비판할 처지가 못 됐다. 남성문화를 방조하고 묵인해왔던 잘못은 나에게도 있었다. 아무것도 모르는 양 꾸짖는 글을 쓰는 것은 스스로 납득할 수가 없었다. 그때 과거의 내 글쓰기 방식에 어딘가 문제가 있다는 것을 알아챘다. 그리고 페미니즘 이외의 주제에 대한 글을 쓸 경우에도 글을 쓰는 '나의 위치'에 대해서 돌아보게 됐다.

무언가를 평가하는 글을 쓰는 사람들은 대부분 아무 책임도 지지 않는다. 대표적인 게 신문사의 사설이다. 사설은 심지어 누가 쓴지도 밝히지 않는다. 회사의 이름을 빌려서 사회의 온갖 일들에 대해 속 편하게 평가하는 '강자'의 글이다. 그리고 우리 사회는 여전히 그런 글들에 권위를 부여한다.

그런 점에서 신문 사설은 없어져야 마땅하다. 사실 대부분의 기사에 대해서도 비슷한 문제의식을 갖고 있다. 객관, 공정, 심판의 언어는 누구의 것인가. 기자들은 누구를 모사하고 있는가. 수많은 기사들은 사회의 기득권, 상층 혹은 중상층 중년 남성의 목소리처럼 들릴 때가 많다. 이는 기사 형식의 문제일 수도 있고, 내용의 문제일 수도 있다.

나를 지우고 논평하는 관습

'정의연 사태'와 '인국공 논란'에서 가장 많이 본 종류의 글은 자신의 위치를 지워버린 논평이었다. 이래서 잘못했고, 저래서 잘못했다는 이야기. '정의연 사태'의 경우 거의 30년에 가까운 운동의 역사는 전부 지워버린 채 속단과 준엄한 심판이 양측에서 이어졌다. 논객의 시대가 다 끝나가는데 여전히 논객 노릇을 하려는 이들은, 누군가의 고통에 대해 '올바른 관점'을 제시한다는 명목으로 사건을 씹고 뜯고 맛봤다.

'인국공 논란'에서 가장 많이 보이는 글의 내용은 한심한 20대와 한심한 20대를 욕하는 (진보적) 어른의 대립이다. 연세대학교 대나무숲에 올라온 '오늘날의 대한민국은 어디에서 인재를 찾느냐'라는 글과 이에 대한 반박이 대표적이다.[25] '연세대'라는 소위 명문대 타이틀의 권위를 이용하고, 자신을 '필자'로 지칭하며 글을 써대는 학생의 태도가 매우 문제적이라고 생각한다. 하지만 연세대학교 포털 사이트에 들어갈 수 있는 4만여 명 중 한 명의 글을 '연세대' 타이틀이 달렸다는 이유만으로 '징후적'이라고, 혹은 '너보다 잘난 사람이 많다'고 반응하는 것 또한 긍정적으로 보긴 어려웠다. 한편으로는 그 글이 기성세대가 욕하고 싶은 20대의 모습에 너무나도 잘 맞아떨어졌던 것은 아닐까 하는 생각도 들었다. '(신자유주의 시대의 세례를 받은) 20대가 잘못됐다'는 지적은 얼마나 편리한가.

하지만 나 역시 여러 사안에 대해 여전히 '논평' 이상의 적절한 말하기 방식을 찾지 못하고 있다. 그렇게 훈련받았기 때문이다. 나쁘다 좋다를 먼저 평가하는 버릇은 어떤 사건에 포함되어 있는 맥락과 구조적 문제들을 쉽게 지워 왔다. 페미니즘 운동을 쉽게 평가하는 사람들을 그렇게나 싫어했지만, 사회의 다른 부분을 평가할 때의 나 역시 대체로 경솔했다. 수많은 명분을 대며 단언하고 억측했다. 평가는 근본적으로는 어떤 상황을 개선하기 위해 하는 것인데, 먼 거리에서 평가하는 것에만 그친 것이다.

그래서 나는 '논평하는 이들'과 '고함을 치는 이들'이 있다면 후자에 주목하고, '고함을 치는 이들'조차 없다면 '침묵할 수밖에 없는 이들'이 누군지 찾아보려 한다. '여기, 지금, 나'의 위치와 관점을 항상 점검하면서 살아간다면, 쉽게 말하는 태도는 조금 고칠 수 있지 않을까. 최소한 '보편'과 '객관'을 가장하지는 말아야겠다고 다짐한다.

존경하는 페미니스트 칼럼니스트들이 쓰는 글에는 공통적으로 글 쓰는 '나'가 빠지지 않는다. 우리가 흔히 말하는 '객관'과 '진리'가 어떤 방식으로 구성되었는지 폭로하는 과정에서, 그들 스스로가 주류에 반하는 시각을 갖고 있는, 혹은 포섭되지 않는 '나'를 드러낼 수밖에 없었을 것이다. 비장애인·이성애자·서울 사람·성인·인서울 4년제 졸업·화이트칼라·중산층의 시선을 벗어나려 하고, 진리를 담지한 척하는 게 아니라 진리가 어디 있느냐고 항변하는 글쓰기가 '페미니즘적 글쓰기'라고 생각한다.

다만, 글에서 나의 정체성을 드러내는 것이 역설적으로 스스로의 강자성을 이용하는 행위가 될까봐 고민이 되는 지점이 있다. 이성애자 남성으로서의 정체성이 노골적으로 드러나는 글은 결코 전복적일 수 없는 법이다. 또한 남성이 쓴 글이라는 게 드러나면 일정 부분 어드밴티지를 받는 것도 사실이다. 내가 서 있는 자리를 뚜렷하게 명시하되, 이곳의 시선에 머무르지 않는 글을 쓰고 싶은데, 갈 길은 여전히 멀어 보인다.

남성이 왜 페미니스트가 되어야 하냐고 묻는다면[26]

최근 '개인 방송계의 대통령'이라고 일컬어지는 한 남성이 군대를 다녀와서 방송에 복귀해 화제가 됐다. 그가 최근 만든 유튜브 영상을 봤다. 눈을 가린 남성이 아홉 명의 여성과 스킨십을 하면서 그중 자신의 아내를 찾는 내용이었다. 기괴하고 이상한 콘텐츠였다. 심지어 콘텐츠에 참여한 여성을 향해 욕설까지 하는 것을 보면서 적잖이 기겁했는데, 이 영상의 조회 수는 88만 회에 육박한다.

페미니즘이 일종의 시대정신으로 굳어지고 있는 때이지만, 여러 개인 방송을 보면 마치 딴 세상에 있는 듯한 기분이다. 여성을 향한 성적 대상화는 너무나 자연스럽고, 남성의 포르노 소비가 희화화되는 분위기는 여전하다. 페미니즘에 대한 노골적인 조롱과 반발은 과거보다 더 심해졌다는 느낌이다. 재미가 곧 올바름의 기준이 되고, 혐오 표현이나 성희롱에 대한 지적은 '선비질'이라며 폄하되기 일쑤다. 문제 제기가 불가능한 구조다.

그래서 어린이와 청소년이 개인 방송을 즐겨 본다는 사실이 우려스럽다. 개인 방송을 통해 성별 고정관념이 강화되거나, 여성과 남성의 관계 맺기에 대해서도 남성 중심적이고 폭력적인 방식을 옳다고 믿으며 받아들일 수 있어서다. 미디어의 힘은 생각보다 강력하다. 나는 최근 여러 유튜브 방송을 보면서 '국룰(일종의 불문율을 뜻하는 은어)'이라는 말을 사용했고, 유행하는 성대모사를 계속 따라 하다가 주변 사람들에게 지적받은 적이 있다. SNS에는 남편이나 남자친구가 팟캐스트 진행자나 유튜버의 말투를 따라 해서 걱정스럽다는 이야기도 들린다. 타인의 영향을 받기 쉬운 청소년들이 개인 방송에 나오는 욕설이나 이성을 향한 태도를 모방한다는 사실은 충분히 예상 가능한 일일 것이다.

나의 일그러진 남성성

대학생 시절 여자친구와 데이트를 하다가 싸운 적이 있다. 다투던 중에 메고 있던 가방을 벗어 길거리에 집어던지고 씩씩거리면서 그곳을 벗어났다. 당시 상황이 아직도 기억나는 이유는 나 자신조차도 이해할 수 없는 행동이었기 때문이다.

생각해보면 자라면서 보아온 드라마 속의 많은 남성들이 비슷한 행동을 했다. 제 마음대로 안 되면 소리를 지르고, 물건을 던지면서 자기 뜻을 표현했다. 영상 속 그런 모습들은 대체로 '순정'처럼 묘사되곤 했다. 마치 조곤조곤 말하면 큰일이라도 나는 듯, '박력'이라는 것이 무엇인지 보여주겠다는 듯 행동하던 남자들이 기어코 뜻을 관철해서 여성의 마음을 얻어냈다. 지금 기준에서 그들은 '데이트 폭력범'이나 다름없다.

각종 미디어에서는 일단 마음에 드는 여성이 있으면 무작정 구애를 하라는 이야기들이 넘쳐났고, 그것이 '남자다운 행동'으로 여겨졌다. 실제로 또래 남자들 사이에서도 언제나 남성은 여성에게 먼저 표현하는 것이 당연하다는 인식이 팽배했다. 여성의 감정을 고려하고, 눈치를 살피라는 말은 누구도 하지 않았다. 모든 행동의 기준은 상대방이 아닌 '나'였다. 뭔가 이상하지 않은가? 타인과 관계 맺기에서 가장 중요한 요소는 '소통과 이해'다. 그런데 남성들은 대체로 '마음 가는 대로 하면 된다'라는 말을 들어왔다. '열 번 찍어 안 넘어가는 나무 없다'는 말은 절대 사라지지 않는다. 시대에 맞춰 조금씩 세련되게 변화했을 뿐이다.

나 또한 여성과의 관계가 기본적으로 '인간관계'라는 것을 이해하지 못했다. 상대방의 마음을 얻을 수도, 그러지 못할 수도 있다. 그런데 내 뜻대로 안 된다는 것에 화가 났다. 소위 '썸'을 한참 타다가 멀어진 여성에게 술을 마신 뒤 '원망의 문자'를 보낸 부끄러운 기억도 있다. 좋아하는 이와 사귀지 못한 것을 남성으로서 무능함을 보인 '실패'처럼 생각했다.

여성과 남성을 구분 지으며 '이성 간에는 친구가 될 수 없다'라고 여기는 문화에서 남성들은 여성을 친구나 동료보다는 성애의 대상으로 여겼고, 또 그것을 정당화하는 사회 분위기가 있었다. 남성이 여성과 관계를 맺을 때 가장 먼저 떠올리는 생각이 '어떻게 꼬셔볼 수 있을까'와 같은 사회 분위기 속에서 여성은 정복과 지배의 대상이거나 일종의 트로피처럼 여겨질 수밖에 없다. 여성을 향해 폭력성을 드러내도록 조장하는 구조였던 것이다.

과거의 나는 친구들이 당시 만나던 여성들을 성적으

로 묘사할 때 적극적으로 제재하지 않았다. 옳지 못하다고 생각하면서도 내 의견을 말하지 않았던 이유는, 아마 여성의 성을 매개로 우정을 다지는 것이 꽤 주류적인 남성문화였기 때문일 것이다. 이런 문화에 태클을 거는 것은 남자들 간의 관계에서 외면당할 위험을 감수해야 하고, '혼자만 잘난 척한다'는 조롱을 감수해야 할 수도 있다. 그래서 나를 포함한 많은 남성이 비겁하게 함께 웃으며 자리를 지켰다.

하지만 페미니즘을 공부하면서부터 집단 내에서의 성적 대상화로 고통을 겪는 여성들의 이야기를 보고 듣는 일이 잦아졌다. 나의 웃음이나 침묵이 여성을 억압하는 구조를 유지하는 데 일조한다는 사실을 깨닫게 되면서, 내 태도는 달라지기 시작했다. 당장 설득하는 일은 어렵더라도, 적어도 눈치는 보게 만들고 싶었기에 남성들 사이에서 종종 '흥'을 깨는 지적을 하기 시작했다. 이로 인해 비난을 받은 적도 있지만, 이후에 함께 변화해나간 친구들도 있다.

이렇듯 페미니즘은 남성문화에 균열을 낼 수 있으며, 남성에게는 타인과 관계를 맺는 다른 방식을 제시해줄 수 있다. 남성이 '보편'이고, 남성 중심적 시각이 공고한 사회에서, 여성을 비롯해 소수자·약자를 동등한 한 명의 사람으로 대하고 동시에 구체적으로 이해하기 위해선 페미니즘이 필요하다.

더 이상
'주인' 노릇은 그만

20대 대학생 357명을 대상으로 '탈연애' 관련 설문조사를 진행한 《중앙일보》의 〈'한국남자랑 연애 안 해' 20대 여성 절반이 '탈연애' 왜〉[27]라는 기사를 살펴보자. 여성은 무려 절반이 '탈연애 해보고 싶다'고 응답했지만, 탈연애 의사를 가지고 있는 남성은 8%에 불과했다. 인터뷰에 응한 여성들은 "기존의 연애 방식이 가부장적이다"라고 말하거나, 이성애 관계가 근본적으로 여성에게 불평등하다고 밝혔다.

앞서 말한 구애와 연애, 그리고 결혼과 가족 구성 등 이성애의 모든 과정이 전부 여성에게 불리한 구조다. 과거에도, 또 지금에도 남성 중심적으로 구성된 사회적 자원을 활용해 남성들이 애인과 아내 등을 다양한 방식으로 억압해온 역사가 있다. 이러니 젊은 여성들이 '이성 연애'를 남성들보다 하고 싶지 않은 것은 당연하다. '착한 남자' '평범한 남자'라고 해도 상대방을 불평등한 조건에 처하게 한다는 데서 큰 문제가 있다.

섹스할 때 불안감에 휩싸이는 것은 대체로 여성일 수밖에 없다. 피임을 안 하는 경우는 말할 것도 없고, 콘돔 역시 완벽한 피임을 보장해주지 못한다. 똑같이 섹스를 했지만, 그 이후의 부담은 대부분 여성들의 몫이다. 월경이 조금만 늦어져도, 일상 속에서 큰 부담감과 불안을 떠안게 된다. 임신을 하게 된다면? 여성은 상상하기조차 힘든 큰 짐을 짊어져야 한다.

결혼과 가족 구성도 그 자체가 이미 여성들에게 어마어마한 압박이다. 남성은 그저 자기 할 일을 하지만, 여성은 '사랑한다'는 이유로 선택의 폭을 좁히거나, 삶의 방향을 변경해야만 하는 경우가 부지기수다. 세상이 변했다고는 하지만 여전히 많은 여성이 '사랑 때문에' 자신의 삶 속에서 무언가를 포기하고 있다. 이렇듯 여성에게 이성애는, 또 이성애가 가져오는 숱한 사건들은 삶의 가장 큰 불안 요소다.

지금껏 남성들은 이러한 여성들의 고통에 대해서 전혀 고민하지 않았다. 자신과의 관계 때문에 상대 여성이 삶 속에서 큰 위험 요소를 짊어진다는 것을 몰랐거나 알면서도 애써 외면해왔다. 이러니 '평등한 관계'가 이뤄지기 어렵다. 결과적으로 남성의 연애나 결혼은 타인의 삶을 억압하는 셈이 되고, 이런 상황에서 이성 간의 '사랑'은 가당치도 않다.

《82년생 김지영》이 페미니즘의 아이콘이 될 수 있었던 것은 가부장제 사회 속에서 여성의 삶을 가장 사실적으로 보여주는 텍스트였기 때문이다. '보편'이라고 불리는 주류 남성의 관점에선 여성의 삶의 구체성이 제대로 설명되지 않는다. 지금껏 여성의 삶은 쉽게 추상화·낭만화되거나 왜곡되곤 했는데, 《82년생 김지영》은 페미니즘을 통해 여성의 삶에 '맥락'을 부여한 것이다.

남성들은 남성이 만들고 기득권도 유지하고 있는 시스템인 가부장제 속에서 살고 있다. 한국뿐만 아니라 어느 국가도 '남성 지배 체계'가 아닌 곳은 없다. 그렇다면 이 사회에서 무난하게 교육받고, 기성의 관습을 따르고, 평범하게 살아가면 당연히 가부장제의 원리를 충실히 이행하는 사람이 될 수밖에 없다. 결국 '평등한 관계에서의 낭만적 사랑'은 불가능한 과제가 된다. 영화 〈82년생 김지영〉의 남편 정대현이 겉으로 보기에 멋지고 선량한 인간인 것과 별개로 김지영이 고통을 겪는 것은 이와 같은 현실을 상징하는 장면이다.

왜 남성에게 페미니즘이 필요하냐고 물었을 때, 흔히 '맨박스(가부장제하에서 사회적으로 강요받는 남자다움)'를 벗어날 수 있다는 이야기를 한다. 그 말도 옳지만, 나는 페미니즘이야말로 남성이 타인과 평등한 관계를 맺을 수 있는 길이라는 점을 더욱 강조하고 싶다. 무엇보다 한 사회 속에서 여성이 겪는 차별과 억압에 대해 이해하고 이를 변화시키기 위한 문제의식을 키울 때, 최소한 자신도 모르게 '억압자'나 '가해자'가 되는 일은 피할 수 있다. 더불어 관계에 대해 성찰할 수 있게 되면서, 기존 남성문화 속에서 키워온 '자기중심성'을 극복하고 상대를 이해하는 법을 터득할 수 있다.

여성과 남성이 평등해져야 한다는 말에는 동의하는 사람이 많다. 그러나 그것은 말로만 되는 것이 아니다. 《시스터 아웃사이더》의 저자이자, 미국의 흑인 여성 페미니스트였던 오드리 로드는 "주인의 도구로는 결코 주인의 집을 무너뜨릴 수 없다"라고 말했다.[28] 이 말을 남성들에게 적용하면 남성들이 이제는 집(사회)을 독점하는 주인임을 거부하고 포기해야 함을 뜻한다. 그런데 알다시피 주인 노릇을 하던 이들 역시 그다지 행복하지 않았다. 그러니 주인 노릇을 하기 위해 유지하던 기존의 관습과 고정관념은 모두 과감히 내려놓아야 한다. 페미니즘은 그 '불행한 주인'의 위치를 버리고, 다 함께 주인으로서 잘 사는 길을 모색하는 가능성을 제시한다.

지금까지와는 다른
남성성에 주목하며

그런데 '남성의 페미니즘 수용'은 기존 남성문화에

대한 반성을 필요로 한다는 점에서 여전히 갈 길이 멀다. 특히 'n번방 사건'은 요즘 10, 20대들의 극악무도한 엽기 행위처럼 일컬어지지만, 실제로는 20년 전부터 여성들의 인권은 아랑곳하지 않고 불법촬영 영상을 소비해온 행태가 더 흉악한 방식으로 발전한 것에 가깝다.

얼마 전 한 소주 회사의 5년 전 광고가 뒤늦게 논란이 됐다. '우리는 형제다'라는 광고 콘셉트로 포스터를 만들었는데 문구가 아래와 같았다.

'ㅅㄹㅂㄷ→ ㄷㄴㄱ→ ㅍㄹㄴ→ ㅌㄹㅌ 역사를 공유하는 우리는 형제다'

'소리바다→당나귀→프루나→토렌트' 바로 포르노와 불법촬영 영상 공유의 온상이었던 p2p 프로그램이다. 이를 두고 '역사를 공유한다'고 말하면서 감히 소주 광고에 활용했다는 사실은, '야동'이라는 희화화된 이름으로 불법촬영 영상을 소비하던 것이 주류적인 남성문화의 일부분이었다는 것을 의미한다.

'n번방 사건'을 자신과는 상관없는 '일탈적 행위'로 생각하는 것은 페미니즘의 관점으로 이 사건을 바라보는 방식이 아니다. 디지털 성착취가 일어날 수 있었던 배경과 구조가 무엇인지 살피고, 이를 통해 남성들이 여성을 동등한 사람으로 대하지 않고, 성적 쾌락의 도구로 생각하는 '강간 문화'를 유지해왔다는 것을 깨닫는 게 우선이다. 물론 이에 대한 책임에선 자신을 포함한 어떤 남성도 자유로울 수가 없다는 사실도 인지해야 한다. 성찰과 '새롭게 보기'의 과정을 거쳐야만 변화된 인식을 가질 수 있게 된다.

또한 이번 사건을 계기로 다음 세대를 위한 교육을 고민해야겠다는 생각이 든다. 성장하고 있는 10대들을 지금의 기성세대처럼 자라게 할 순 없다. 다른 남성문화, 다른 남성성에 주목해야 할 때다.

상황은 녹록지 않다. 이미 남자 고등학교에서는 반페미니즘이 기승을 부리는 상황이고, 개인 방송에서 자주 사용되는 여성혐오적인 말들이 흔히 쓰인다고 한다. 이에 성평등 강사들이나 일선 교사들이 수업에 어려움을 겪는다고 전해 들었다. 실제로 한 남학생이 《오마이뉴스》에 기고한 〈남고생의 눈으로 본 페미니즘〉[29]이라는 글을 보면 "여자는 낮에는 집안일을 하고 밤에는 침대로 가는 존재야" "(여성 교사가 마음에 들지 않을 때) 남편이 통제를 안 해서 그렇다"라는 말까지 나온다고 한다. 2000년대 초중반 내가 고등학교 다닐 때와 달라진 게 없어 보인다.

이제는 10대 남성들에게 페미니즘이 여성 우월주의나 남성을 혐오하는 사고 체계가 아니라 평등을 위한 것임을 알리고, 설득해야 할 때다. 나아가 그들이 여성을 비하하고 억압하는 데 이용된 단어들을 쓰지 않도록 만드는 게 중요하다.

앞으로 '남자아이들'을 페미니스트로 키우기 위해선, 무엇보다 '남성 롤모델'의 역할이 중요하다. 선생님이, 아버지가 페미니스트라면 어려서부터 보고 배운 것이 있는 아이들은 쉽게 여성혐오적 미디어에 휩쓸리지 않을 터다. 무엇보다 그들이 주변 여성들에 대해 이야기하고 여성들과 관계 맺는 방식을 자연스럽게 아이가 습득하게 된다. 여성을 대상화하지 않는 '건강한' 남성성을 보고 배울 수 있을 것이다.

《저는 남자고, 페미니스트입니다》의 저자이자 교사인 최승범은 《민들레》 113호에 실은 〈남학교에서 펼쳐지는 남교사의 젠더 교육〉[30]이라는 글에서, 남성인 자신의 페미니즘 실천이 남학생들을 변화시킨 사례를 설명했다. 저자는 학급문고에 페미니즘 도서 비치하기, 학급에서 《여성신문》 구독하기, 성평등 관점에서 수업하기, 페미니즘 티셔츠 입고 다니기 등을 실천했다고 한다. 그랬더니 눈에 띄는 변화를 보였던 학생들이 있었다.

그중 페미니즘 책을 읽고 독서교육종합지원시스템에 독서 감상문을 올린 학생이 여섯 명이나 있었는데, 그들은 책을 읽은 후 "자신들의 생각이 달라졌다"라고 고백했다. 또한 그는《경향신문》과의 인터뷰[31]에서도 페미니즘에 부정적인 시각을 가진 학생이 자신의 글〈나는 왜 남페미가 되었는가〉를 읽은 뒤, "제가 오해했고, 추천해주신 책도 다시 한번 읽어보겠다"고 말한 사례를 언급했다. 최승범 교사와 같이 페미니즘을 실천하는 남성 교사가 각 학교에 두세 명만 있더라도, 젊은 남성들의 안티페미니즘 문제도 해결책이 보이지 않을까.

'남자 어른'들이 먼저 변화하면 '남자아이들'도 바뀐다. 남성 페미니스트들이 곳곳에서 '남성 지배' 체계에 균열을 내고, 성평등 교육을 원하는 여론을 형성해서 아이들이 성에 대한 편견과 고정관념 없이 자라는 데 이바지해야 한다. 나아가 이제 남성에게도 페미니스트는 '민주주의자'처럼 시민으로서의 상식과 표준으로 여겨지길 바란다. 페미니스트가 아닌 것을 부끄러워해야 하는 세상에선 여성을 대상화하고 억압하는 남성이 자라날 수 없을 것이다.

우리에게 필요한 것은 '무결점 남페미'가 아니라

내가 쓴 첫 책의 남성 구매 비율은 22.5%(알라딘 기준)다. 남성들이 많이 봐줬으면 하는 생각으로 만든 책이지만, 여느 페미니즘 책처럼 남성의 구매 비율은 낮다. 현실을 생각하면 20%가 넘은 것만 해도 다행이지 싶다가도, 역시 아직까지는 대부분의 남성들에게 페미니즘은 '남의 일'이 아닌가 싶어 고민에 빠지기도 한다.

종종 시민들을 대상으로 강의를 하거나 좌담회를 여는 경우가 있다. 최근 대면 두 번, 비대면 두 번으로 대중 강의를 진행했는데 남성은 없거나, 한두 명 정도 참여했다. 지난해 8월에 강연을 주최한 한 선생님이 "굳이 듣지 않아도 되는 분들이 듣고, 정작 꼭 들어야 하는 남자들이 안 듣는다"라고 한 말씀이 정말 마음에 와 닿았다. 그만큼 남성들은 자신을 페미니즘을 실천해야 하는 주체로 생각하지 않는다. 페미니즘을 지지하는 남성들조차도 여성들만큼 적극적인 활동을 하는 경우는 드물다.

선을 넘지 못하는 남자들

남성들이 '이중의 선 긋기'를 통해 페미니즘의 실천을 외면하기 때문이다. 지금의 젊은 남성들은 남성 중심 사회에서 일어나는 문제에 대해 '나는 아니야'라는 생각으로 일관한다. 성폭력과 성차별이 해결되어야 할 문제는 맞지만, 자신에게 책임은 없다는 것이다. n번방 가해자들에 대한 엄벌을 요구하면서도, '불법촬영 구조를 만든 것은 당신들이다'라는 말에는 펄펄 뛴다. 그저 개인적으로 선량하게, 범죄를 저지르지 않으면 된다고만 생각한다.

물론 누구에게나 범죄 또는 비도덕적 행위와 결부되지 않은 채로, 언제까지나 '선량한 피해자'로 존재하고 싶은 마음이 있을 것이다. 그래서 구조적으로 이뤄지는 폭력에 은연중에 가담하거나 방조하는 것은 아닌지 성찰하라는 요구조차, 번번이 "나를 왜 가해자로 만드냐"는 결벽증적인 반응에 막히기 일쑤였다. 이 때문에 남성들은 '하면 안 되는 일'이 무엇인지만 배웠을 뿐, 앞으로 나아가지 못했다.

'나는 아니야'라는 선을 넘더라도, '페미니즘은 여성의 몫'이라는 선을 넘지 못하는 이들이 많다. 페미니즘이 필요하다는 것도 알겠고, 페미니즘을 말하는 여성들의 목소리에 별다른 불만도 없다. 하지만 이를 위해 "남자가 뭘 할 수 있냐"고 묻는다. 남자가 페미니즘 운동을 지지해야 할 이유도, 의미도 찾지 못하고 있는 것이다.

이는 페미니즘을 단순히 '여성을 위한 운동''여성의 몫을 키우기 위한 운동'처럼 여겨서다. 페미니즘이 여성을 비롯한 타인과의 '관계 맺기'에서 대안적 관점을 제공해주며, 자신의 위치를 조망하여 변화와 해방을 도모하는 근거가 되어주고, 남성 중심 사회의 부조리와 폭력을 해소하는 운동이자 이론이 될 수 있다는 것을 상상하지 못한다.

남성 정치인 혹은 유명인들이 성폭력 문제에 대해 내는 목소리가 그저 허울 좋게만 들리는 이유는 그들이 결코 젠더 문제를 해결하는 주체가 되려고 하지 않아서다. 구체적이고 복잡한 문제는 전부 여성들에게 떠넘긴다. 언론사에서 젠더 기사는 대부분 여성 기자들이 쓰는 상황만 보더라도, 많은 남성이 여전히 '젠더 문제'를 자신이 고민해야 할 문제로 생각하지 않는다는 걸 알 수 있다.

'조신함'은 남페미의 덕목인가

선 긋기를 거부하고 페미니즘의 주체가 되기로 한 일부 남성들이 있지만, 이들 역시 적극적으로 목소리 내는 것을 어려워하는 경우가 많다. 가부장제의 특혜를 누려왔고, 지금도 여전히 남성이라서 이득을 얻는다는 것을 깨달으면서, 자신이 페미니즘을 '감히' 쉽게 말할 수 없다고 여기게 되는 것이다.

이에 대해 '남성과 함께하는 페미니즘' 운영진인 이한 씨는 보고서 〈남성 페미니스트를 찾아서〉를 통해, "남성 페미니스트들은 자신이 누리던 젠더 권력을 내려놓기 위해 다양하게 시도한다. 발화 권력을 줄이는 것도 그 시도 중 하나다"라고 말한다. 그러나 페미니즘을 알아가면서 느끼는 성별 격차와 이로 인한 죄책감은, 발화 권력을 인지하고 신경 쓰는 데서 그치지 않고, 활동 자체를 위축되게 한다고 이 보고서는 지적한다.

"자신은 페미니스트가 될 자격이 없다는 결론을 내리기도 하고, 남성에 비해 피해 당사자의 위치에 가까운 여성 페미니스트의 의견을 맹목적으로 따르며 조력하는 위치에 멈춰 서기도 한다."[32]

이는 흔히 '속죄 페미니즘'이라고 일컬어진다. 이 씨는 보고서에서 "성별 이분법에 근거해 여성을 타자화·대상화하며, 활동과 사유를 한계 짓는다"라며 속죄 페미니즘을 비판했고, 나 역시 페미니즘이 남성에게 '나의 올바름'을 드러내기 위한 도구로써 기능하면 안 된다고 생각한다.

남성의 특권(발화 권력)과 '맨스플레인'에 대한 지적이 수없이 나오고, '조신함'을 남성 페미니스트의 가장 큰 덕목으로 이야기하는 현재의 분위기에서 '속죄 페미니즘'이란 함정이자, 유혹이다. '남페미란 존재하지 않는다'라는 분위기 속에서 자신의 진정성을 드러내기 위해서는 일단 '남성이라서 미안합니다'라는 접근이 안전한 방식의 발화이기 때문이다. 내 과거 글에 유독 '나의 반성'을 이야기하는 부분이 많은 것은 우연이 아니다.

그러나 '속죄 페미니즘'을 비판하기 이전에 현재 페미니즘을 실천하고자 하는 남성들이 필연적으로 거칠 수밖에 없는 과정이 '속죄'인 것도 짚고 넘어가야 한다. 대부분의 남성이 페미니스트가 되기 위해서는 자신을 둘러싼 구조를 조망하고, 그 안에서 남성으로 살아왔던 삶을 성찰적으로 바라보는 과정을 거쳐야 한다. 그 과정은 수 없는, 또 끊임없는 반성의 과정일 수밖에 없다.

여전히 반성은 매우 중요한 과정이라고 믿는다. 또한 어떠한 성찰 없이 '입으로만' 페미니즘을 이야기했던 기성세대 남성들을 넘어서기 위해서라도, '쉽게 말하면 안 된다'라는 생각을 염두에 두는 것이 나쁘지 않다고 본다. 단지 반성이 오로지 '조신함'으로 이어져야 한다는 주장에는 동의할 수 없을 뿐이다.

여성에게는 '조신함'이 명백한 억압이지만, 남성에게는 '조신함'이 자칫하면 방관이나 책임을 피하는 일로 이어질 수 있어서다. 누군가의 주장을 맹목적으로 따라가는 사람이 타인을 설득시킬 수는 없다. '나쁘거나 부족한' 남성에 대한 비판이 페미니즘 실천의 전부가 될 경우 자신의 위치를 망각하게 될 가능성이 높다.

남성에게 페미니즘적 말하기란 '보편'의 자리에서 물러나 비로소 자신이 누구인지, 어떤 위치에 있는지 명확하게 밝힌 다음에 말하는 행위라고 생각한다. 나의 위치를 만든 토대를 설명하고, 그 토대가 왜 부정의하고 잘못됐는지 설명하며 '전지적 관점'을 내려놓는 것이 시작이다. 나아가 무엇을 변화시키고 싶고, 이를 위해 내가 갖고 있는 무엇을 포기할 것인지를 고민하는 과정도 필요하다.

선을 하나 더 긋는 사람이 되지 않으려면

나는 선을 긋는 이들이나 페미니즘을 공부하면서도 아직 스스로 운동 주체로 나서지 못하는 이들 모두에게서 가능성을 본다. '나는 아니야'라는 정서에는 적어도 무엇이 잘못됐는지에 대한 인식이 있고, 이는 그들이 페미니즘 리부트의 영향권에 있다는 것을 보여준다. 여성의 사회 진출이 늘어나고 수직적 시스템이 완화되면서 호모소셜의 유대감이 예전 같지는 않다. 빈틈이 어디인지에 대한 성실한 분석이 필요한 시기다.

하물며 페미니스트로서 정체화하는 남성들이 '속죄'에 빠져 있다고 비난만 할 일은 아니다. 현재 한국에서 페미니즘을 이야기하는 남성 상당수의 발화에는 속죄적 요소가 있다. 게다가 누구도 속죄 이후에 무엇을 할 것인지, '새로운 남성성'을 제시하기는 어렵다. 단순하게 결론 내리기 힘든 문제이기 때문이다. 그럼에도 남성들조차 다른 남성들에게 몇 가지 관문을 놓고, '이걸 통과 못 하면 너는 진정한 페미니스트가 아니야'라는 생각을 갖고 있지는 않았는지 되물어야 한다.

한때 나도 '남성 페미니스트의 진정한 자세'를 이야기하며 남을 다그치려고 했던 적이 많았다. '조롱하면 안 된다' '위치성을 망각해도 안 된다' 등 내 나름의 기준이 있었고 이 부분을 지키지 않는 이들에 대한 불만도 있었다. 그러나 남성이 보면 좋을 책, 들어야 할 강의에 정작 남성들이 자리하지 않는 상황을 보면서, 내가 어쩌면 선을 하나 더 늘리는 사람이 되는 것은 아닌가 고민하게 됐다.

그래서 성별 이분법에 입각한 '남성'의 윤리와 규범을 반복하는 대신, 수많은 선 긋기와 맞서려고 한다. 우리 사회에 지금 필요한 것은 누가 '제대로 된 남페미'가 될 수 있느냐 따지는 것이 아니다. 당신의 길이 맞는다는 것을, 그리고 옆에 있는 당신의 친구도 그 길에 함께할 수 있다는 것을 증명하면서 설득하는 것이 우선이다.

한 명의 무결점 남성 페미니스트가 아니라, 결점이 많더라도 페미니즘에 대해 고민하는 수많은 남성 페미니스트들이 필요하다. 함께 이마를 맞대고, 가부장제에 저항하고, 남성연대를 무력화하는 주체가 되기 위한 전망을 고민해 나갔으면 한다.

미주

1부

1. 고은, 〈[인문학강의] 시인 고은, 죽음을 딛고 삶을 노래하다〉, 《SBS Biz》, 2020년 3월 20일.
2. 정아영·이충우, 〈고은 시인 "아내가 … 나는 그를 섬기며 산다"〉, 《매일경제》, 2011년 7월 6일.
3. 통계청, 〈2020 통계로 보는 여성의 삶〉, 2020년.
4. 보건복지부, 〈2018 보육실태조사 보고서〉, 2019년.
5. 이지혜, 〈이낙연 "소녀가 엄마로 변하는 경험 못해 남자는 철 안 들어"〉, 《한겨레》, 2020년 7월 1일.
6. 고동욱, 〈수험생 개인정보 알아내 "마음에 든다" 연락한 수능감독관 무죄〉, 《연합뉴스》, 2019년 12월 20일.

7. 정경재, 〈"마음에 든다" 경찰관이 여성 민원인에 메시지 물의〉, 《연합뉴스》, 2019년 7월 18일.
8. 박고은, 〈청년임대주택 관리인이 입주자 스토킹… LH는 '나 몰라라'〉, 《노컷뉴스》, 2019년 11월 22일.
9. 박다해, 〈'90년생 김지훈'은 어떻게 1000만원 넘는 후원을 받았나〉, 《한겨레》, 2018년 4월 15일.
10. https://www.facebook.com/permalink.php?story_fbid=1038073713249922&id=100011419091322
11. 박정훈, 〈"울더라도 끝까지 말하는 페미니스트가 됩시다"〉, 《오마이뉴스》, 2019년 3월 29일.
12. 리베카 솔닛 지음, 김명남 옮김, 《여자들은 자꾸 같은 질문을 받는다》, 창비, 2017년, 18쪽.
13. 한국여성민우회, 〈성차별이 없었다면, 채용에 붙어야 했던 784명의 여성을 찾습니다!〉, 2019년 9월 11일.
14. 정대연, 〈법무부·검찰 주요 부서는 남성 독차지… '성평등정책담당관실' 설치 추진〉, 《경향신문》, 2018년 5월 2일.
15. 이보라, 〈영웅을 번역하면 러블리?… CGV 여성대법관 영화 홍보 포스터 '편견 조장' 뭇매〉, 《노컷뉴스》, 2019년 5월 28일.
16. https://twitter.com/LizHackett/status/1314017129159516162
17. 조을선, 〈[영상] "어이" 국정감사 중 류호정 의원을 이렇게 부른 사람〉, 《SBS》, 2020년 10월 19일.
18. 양원보, 〈[원보가중계] 서울시장 후보에 정세균·정은경?…민주당 "사실무근"〉, 《JTBC》, 2020년 10월 19일.
19. 현재 삭제됨.
20. 신은별, 〈"#나는 남자 페미니스트다"〉, 《한국일보》, 2016년 3월 5일.
21. 김민식, 〈'지식인의 진짜 책무' 김민식 칼럼 게재 사과드립니다〉, 《한겨레》, 2020년 11월 9일.

22. 최민, 〈최민의 시사만평 - 박사와 공천〉, 《민중의소리》, 2020년 3월 23일, 현재는 삭제됨.
23. https://twitter.com/histopian/status/1179952949461733377
24. https://www.facebook.com/jungkwon.chin/posts/2965493643510926
25. https://www.facebook.com/jungkwon.chin/posts/2977554448971512

2부

1. 심윤지·이보라, 〈'N번방 방지법'은 왜 졸속 논란에 휘말렸나[플랫]〉, 《경향신문》, 2020년 3월 20일.
2. 국회 의안정보시스템, 〈제376회 국회(임시회) 제1차 법안심사제1소위 회의록〉, 2020년 3월 3일.
3. CBS 시사자키 제작진, 〈이수정 "텔레그램 박사, 엄중 처벌 어려워… 죄명이 없다"〉, 《노컷뉴스》, 2020년 3월 20일.
4. 하어영, 〈"내 몸은 밥값 버는 도구였을 뿐"〉, 《한겨레21》, 2012년 1월 10일.
5. 김민중, 〈"전 사형이 마땅합니다"… 'n번방' 내부고발 대학생의 고백〉, 《중앙일보》, 2020년 3월 29일.
6. 이택광, 〈미투 운동과 한국의 진보주의〉, fabella.kr/xe/blog1/83219
7. 이철재, 〈국내 유통 일본 포르노 70% 공급 인터넷 '김본좌' 잡았다〉, 《중앙일보》, 2006년 10월 18일.
8. 심동준, 〈가정폭력 가해자, 5년간 21만 명… 남성이 80%〉, 《뉴시스》, 2019년 9월 4일.
9. 김주환, 〈술자리서 "n번방 영상 봤다" 자랑한 남성… 경찰, 수사 착수〉, 《연합뉴스》, 2020년 4월 27일.

10. 이슬기, 〈황교안 "호기심에 n번방 들어온 사람에겐 판단 다를 수 있다"〉, 《연합뉴스》, 2020년 4월 1일.

11. 김경은, 〈통합당 허용석, "나는 2번방인데"… 'n번방' 희화화 논란〉, 《머니S》, 2020년 4월 11일.

12. 진명선, 〈페미니즘은 틀리고 페미니즘적 연애는 옳다?〉, 《한겨레21》, 2019년 12월 2일.

13. 마경희 외 4명, 〈성불평등과 남성의 삶의 질에 관한 연구〉, 《2018 한국여성정책연구원 연구보고서27》, 2018년, 103쪽.

14. 여성가족부, 〈조건만남 경험 청소년 10명 중 7명, 모바일 채팅앱이나 채팅사이트로 만나-2016 성매매 실태조사 결과발표〉, 대한민국정책브리핑 여성가족부 보도자료, 2017년 5월 1일.

15. 마경희 외 4명, 〈성불평등과 남성의 삶의 질에 관한 연구〉, 《2018 한국여성정책연구원 연구보고서27》, 2018년, 171쪽.

3부

1. 박소영, 〈10년간 성폭력범죄자, 5060 2배 늘고 '벌금형' 제일 많이 받았다〉, 《한국일보》, 2017년 11월 24일.

2. https://www.facebook.com/serious.hyeyeong/posts/10224657409965383

3. 김지은, 《김지은입니다》, 봄알람, 2019년, 113쪽.

4. 김지은, 〈김지은 "안희정 모친상 조문 행렬에 공포… 난 여전히 화형대 위 마녀"〉, 《한국일보》, 2020년 7월 24일.

5. 홍규빈, 〈정치권 조문 행렬… 안희정, 눈물 떨구며 "미안합니다"〉, 《연합뉴스》, 2020년 7월 6일.

6. 김형섭 외 2인, 〈안희정, 모친 빈소서 '눈물'… 이해찬·이낙연 등 조문 행

렬〉, 《뉴시스》, 2020년 7월 6일.
7. 전홍기혜, 〈"우근민사건, 성희롱 아닌 강제추행"〉, 《프레시안》, 2002년 4월 22일.
8. 박원순·지승호, 〈구석구석에서 할 일이 쏟아지는 원순 씨-인권변호사, 시대의 영웅들을 변론하다〉, 《희망을 심다》, 알마, 2004년.
9. 손병관, 〈박원순 "안희정에 무죄 내린 판사, 비판받을 대목 있어"〉, 《오마이뉴스》, 2018년 8월 18일.
10. 박원순, 〈'장원 추문'은 짧고 시민운동은 영원하다〉, 《신동아》, 2006년 9월 28일.
11. 노지민, 〈이해찬 "후레자식" 발언에 수석대변인 사과〉, 《미디어오늘》, 2020년 7월 10일.
12. 김지은, 《김지은입니다》, 봄알람, 2020년, 113쪽.
13. 같은 책, 64쪽.
14. 같은 책, 65쪽.
15. 같은 책, 65쪽.
16. 류인선, 〈박원순 피해자, 2차 기자회견 안간다… "갈 상태 아냐"〉, 《뉴시스》, 2020년 7월 21일.
17. 정민경, 〈JTBC '미투' 보도, 그 명과 암〉, 《미디어오늘》, 2018년 3월 19일.
18. 박정훈, 〈[전문] '박원순 성추행 의혹' 피해자 "꿋꿋하게 살아서 진실 규명할 것"〉, 《오마이뉴스》, 2020년 10월 15일.
19. 최선을, 〈"실명 28분 노출" 박원순 피해자 측 김민웅·민경국 고소〉, 《서울신문》, 2020년 12월 25일.
20. 박정훈, 〈'박원순 사건' 피해자의 눈물… "용서하고 싶습니다, 사과하세요"〉, 《오마이뉴스》, 2021년 3월 17일.
21. 한국여성의전화, 〈서울시장 위력성폭력사건 피해자와 함께 말하기 "멈춰서 성찰하고, 성평등한 내일로 한 걸음" 사후 보도자료〉, 2021년 3월 17일.
22. 김임수, 〈김어준이 故 박원순 서울시장 피해자 기자회견을 "선거 기간 적극

적 정치 행위"로 논평했다〉, 《허프포스트코리아》, 2021년 3월 18일.

23. https://www.facebook.com/permalink.php?story_fbid=3103314506372743&id=100000826733094

24. 조희연, 〈조희연 "'40년 친구' 박원순을 기억한다"〉, 《한겨레》, 2020년 7월 13일.

25. 김지은, 〈장혜영 "성폭력 피해 밝히니 또 다른 고통의 세계가 열렸다"〉, 《한국일보》, 2021년 2월 22일.

26. 박정훈, 〈"박원순 부인 편지보다 지지자들 행동이 더 문제"〉, 《오마이뉴스》, 2021년 2월 8일.

27. 임지선, 〈일본 '미투'의 상징, 이토 시오리는 울지 않는다〉, 《한겨레》, 2018년 10월 13일.

28. 일본 변호사닷컴뉴스, 〈伊藤詩織さんが杉田水脈衆院議員と大澤昇平さんを提訴「ツイッターの投稿で名誉を傷つけられた」(이토 시오리씨가 스키타 미오 의원과 오사와 쇼헤이씨를 제소, 「트위터 게시물로 명예가 훼손됐다」)〉, 2020년 8월 20일.

29. 나카무라 카사네, 〈伊藤詩織さんが杉田水脈議員を提訴「『いいね』が集団的ないじめのような構造を呈している」(이토 시오리씨가 스기타 미오 의원에게 제소, 「'좋아요'는 집단 따돌림 같은 구조」)〉, 《허프포스트재팬》. 2020년 8월 20일.

30. 하마다 케이코, 〈【伊藤詩織さんインタビュー】漫画家はすみとしこ氏らを提訴。SNSの誹謗中傷など70万件を分析([이토 시오리 씨 인터뷰] 만화가 하스미 토시코 씨 등 고소. SNS 비방 등 70만 건 분석)〉, 《비즈니스인사이더재팬》. 2020년 6월 8일.

31. 김혜인, 〈MBC, 응시생들에게 "박원순 피해자 호칭" 물어〉, 《미디어스》, 2020년 9월 13일.

32. 김고은, 〈왜 뉴스룸 상층부 올라갈수록 여기자는 없나〉, 《기자협회보》, 2018년 8월 17일.

33. 배재성, 〈"데이트 돈 안 내는 여성 넓은 의미로 매춘" EBS 패널 발언 논란〉, 《중앙일보》, 2017년 8월 17일.

34. 문지영, 〈"성희롱하는 상사 짠해" '가해자' 편에 선 방송인〉, 《YTN》, 2017년 8월 29일.

35. 김예리, 〈MBC, 입사시험 검증시스템 만들기로〉, 《미디어오늘》, 2020년 10월 8일.

36. 통계청, 〈2018년 8월 경제활동인구조사 근로형태별 부가조사 결과〉, 2018년 10월 30일.

37. 김시연, 〈"여성은 수십년 일해도 사원", 남성만 승진시킨 KEC〉, 《오마이뉴스》, 2019년 9월 19일.

38. 박정훈, 〈여성 정규직이 '시기상조'? "정규직 노조가 재벌 편 드나"〉, 《오마

39. 진주원 〈[직장 성폭력 OUT] 성희롱 피해자 6년째 외로운 싸움〉, 《여성신문》, 2017년 11월 21일.

40. 이보라 외 2명, 〈[단독]"낙태죄 유지, 청와대 의지 강했다"… 6~7월 이미 결론〉, 《경향신문》, 2020년 10월 7일.

41. 박정훈, 〈물 건너간 남녀 동수 내각… 여성 장관 17%로 떨어진 이유〉, 《오마이뉴스》, 2021년 1월 25일.

42. https://www.facebook.com/permalink.php?story_fbid=3315819608476841&id=100001465033344

43. 박완준, 〈서민 "국민의힘, 페미니스트와 싸울 수 있어야 지지율 상승할 것"〉, 《매일경제》, 2020년 11월 11일.

44. 김경래, 〈[최강시사] 서민 "현 정권 지지자, 상대 진영 잘못은 거품 물고 내 진영이면 무조건 편들어"〉, 《KBS》, 2020년 11월 12일.

45. http://blog.naver.com/bbbenji/222046249527

4부

1. 이예지, 〈누구의 연인도 아닌 설리〉, 《GQ 코리아》, 2017년 4월 21일.
2. 이주빈, 〈20대 여성의 고통은 사회적이라는 데서 출발해야 한다〉, 《한겨레》, 2020년 12월 3일.
3. 임재우, 〈'조용한 학살', 20대 여성들은 왜 점점 더 많이 목숨을 끊나, 《한겨레》, 2020년 11월 13일.
4. 전웅빈 외 3명, 〈심상찮은 코로나 블루, "수도권 2030 여성 극단 선택 급증〉, 《국민일보》, 2020년 9월 8일.
5. 임재우, 〈'조용한 학살', 20대 여성들은 왜 점점 더 많이 목숨을 끊나, 《한겨레》, 2020년 11월 13일.
6. https://www.facebook.com/serious.hyeyeong/posts/10221699644023083
7. https://forum.nexon.com/counterside/board_view?thread=33540
8. 이주연, 〈"9시간 16분 다 봤다, 애썼다… 이 말에 나도 그만"〉, 《오마이뉴스》, 2016년 3월 12일.
9. 김은빈, 〈'같이 사는 남자'… 진선미 배우자 지칭에 청문회장 논란〉, 《중앙일보》, 2018년 9월 20일.
10. 한정현, 〈우리의 소원은 과학 소년〉, 《소녀 연예인 이보나》, 민음사, 2020년, 277쪽.
11. 같은 책, 285쪽.
12. 김민제 〈[전문] 공개석상 나온 성전환 하사 "육군에 돌아갈 때까지 싸울 것"〉, 《한겨레》, 2020년 1월 22일.
13. 정빛나, 〈인권위 "성전환 변희수 하사 전역 취소" 권고…육군 "적법했다"〉, 《연합뉴스》, 2021년 2월 1일.
14. 유현민, 〈군, 변희수 전 하사 사망 소식에 '침묵 속 애도'〉, 《연합뉴스》, 2021년 3월 3일.

15. 백악관 브리핑룸, 〈Executive Order on Enabling All Qualified Americans to Serve Their Country in Uniform(트랜스젠더 변희수 하사의 복직을 위한 공동변호인단 제공)〉, 2021년 1월 25일.
16. 조형국, 〈윤호중 "성소수자 등 소모적 논쟁 일으킬 당과 연합 어렵다" 발언 논란〉, 《경향신문》, 2020년 3월 17일.
17. 김형남, 〈1월 22일, 대한민국이 발칵… 그때를 되돌아보는 이유〉, 《오마이뉴스》, 2020년 7월 9일.
18. BBC, 〈South Korea transgender soldier to sue over dismissa(한국 트랜스젠더 병사, 해고 소송 제기)〉, 《BBC》, 2020년 1월 22일.
19. 한정현, 〈우리의 소원은 과학 소년〉, 《소녀 연예인 이보나》, 민음사, 2020년, 276쪽.
20. 송은경, 〈장애인단체 서울역 시위로 지하철 4호선 지연 운행〉, 《연합뉴스》, 2021년 1월 22일.
21. 김도현, 《장애학의 도전》, 오월의봄, 2019년, 74~75쪽.
22. 조한진희, 〈건강한 몸 아니라 '아픈 몸'이 사회의 기본값〉, 《한겨레》, 2021년 1월 16일.
23. 김형남, 〈하사의 삶 짓밟고도… 한국 육군, 참 못났다〉, 《오마이뉴스》, 2021년 2월 4일.
24. 국가인권위원회, 〈트랜스젠더 혐오차별 실태조사〉, 2021년.
25. https://www.facebook.com/yonseibamboo/posts/1459706244238725/
26. 이 글은 《젠더 감수성을 기르는 교육》(민들레, 2020)에 실렸다.
27. 김지아 외 2인, 〈"한국남자랑 연애 안 해" 20대 여성 절반이 '탈연애' 왜〉, 《중앙일보》, 2019년 9월 20일.
28. 오드리 로드 지음, 주해연·박미선 옮김, 《시스터 아웃사이더》, 후마니타스, 2018년.
29. 송창우, 〈남고생의 눈으로 본 페미니즘〉, 《오마이뉴스》, 2020년 4월 21일.

30. 최승범 〈‘메갈쌤’을 자처하는 이유〉, 《프레시안》, 2017년 11월 18일(민들레와 프레시안에 동시 게재).

31. 최미랑·심윤지, 〈“애들이 괜찮은 남성으로 자라줬으면”… 페미니즘 가르치는 남자 교사 최승범씨〉, 《경향신문》, 2017년 7월 10일.

32. 이한, 《남성 페미니스트를 찾아서》, 서울시NPO센터, 2019년, 62쪽.

이만하면 괜찮은 남자는 없다

초판 1쇄 발행 2021년 5월 10일
초판 3쇄 발행 2021년 8월 17일

지은이 박정훈
펴낸이 이상훈
편집인 김수영
본부장 정진항
편집1팀 김진주 이윤주 김단희
마케팅 김한성 조재성 박신영 조은별 김효진
경영지원 정혜진 이송이

펴낸곳 (주)한겨레엔 www.hanibook.co.kr
등록 2006년 1월 4일 제313-2006-00003호
주소 서울시 마포구 창천로 70(신수동) 화수목빌딩 5층
전화 02)6383-1602~3 **팩스** 02)6383-1610
대표메일 book@hanien.co.kr

ISBN 979-11-6040-477-7 03300

• 책값은 뒤표지에 있습니다.
• 파본은 구입하신 서점에서 바꾸어 드립니다.